JN335375

ありがとう ありがとう さようなら さようなら

やなせなな（釈《しゃく》妙《みょう》華《け》）

歌う尼さんの
仏さま入門

さくら舎

目次

序　立ち止まる

毎日がとても平穏で、これといった悩みごともない。
もしかしたら、そんな暮らしを「しあわせ」と呼ぶのかもしれないけれど
どこかに何かを置き忘れてきたような
得《え》体《たい》の知れないさみしさが、ふと心の中をよぎることはありませんか？

とてつもなく大きな苦しみに襲《おそ》われて
前を向こうと思っても、どうしても立ち上がる力が出ないとき
自分がこの世でいちばん「ふしあわせ」に思えて
ひとりぼっち
どうしようもないさみしさが、心の中いっぱいに広がることはありませんか？

なぜ生まれてきたんだろう。
どうして生きているんだろう。

頭の中に浮かんだ問いかけに

答えを探そうとしても
時は、そんなわたしたちのことはおかまいなしで
どんどん
どんどん
流れてゆきます。
その流れに追いつこうとして
少しでも先へと歩みを速めます。無理をしてでもがんばろうとします。
でも、いったい何に急《せ》きたてられているのでしょうか。

ちょっと立ち止まってみませんか。
振り返ってみませんか。
味わってみませんか。
目の前のいまを、もう一度ていねいに見つめてみれば
わたしたちを取り巻く世界が
それまでとはまったく違うものだったと、気づくことができるかもしれません。

わたしは奈良の寺院に生まれ育ち、二十三歳で僧侶《そうりょ》の道に進みました。

とはいえ、自坊はとても小さなお寺だったので、先祖代々お坊さんの仕事だけでは生活することがむずかしい、いわば「兼業お寺」でした。

現在わたしはお寺の住職という役割をいただいていますが、同時にシンガーソングライターとして活動しており、二足のわらじを履いて暮らしています。

CDデビューは二〇〇四年。しかし、残念ながらなかなか売れず、苦労は絶えませんでした。

それでも、ひとりでも多くの人に歌を届けたいという夢をあきらめきれなかったので、ただこつこつと、ひたすら歌をつくり唄いつづけてきました。

そんななか、コンサートをしてほしいと頼まれる機会がじわりじわりと増えたのは、デビューから四年ほど過ぎたころでした。僧侶だったことから、いつしか「歌う尼さん」と呼ばれて親しまれるようになり、ご縁は全国およそ五百ヵ所に広がってゆきました。

唄いにいった場所の数だけ、出会いがあり、別れがあります。

ほんの短い時間の交差にすぎませんが、たくさんの人々の人生に触れるたび、

――人はなぜ生きているのかな

と、立ち止まり、考える機会も増えました。

ときには、コンサートをお聴きになったお客さんから、お坊さんなんだから、人生に対しての答えらしきものは持っているんでしょうといわんばかりに、たずねられたり相談されたりすることもありました。

でも、お坊さんはスーパーマンでもなんでもないし、もちろん神さま・仏さまに近い存在というわけでもないので、結局はわからないことだらけなのでした。まあ、単純にわたしが未熟なだけなのかもしれないけれど。

というわけで、

この本には、生きる意味についての答えは書いてありません。

わたしもまた、そんなことはわからないながら、いまを生かされているにすぎないので、書くことができないのです。

でも――。

行き詰まり、歩みが止まり、追い詰められて、

思わず天を仰ぎ、なんで生きているのかと問わずにはいられなくなるような、まさにそんなとき、
たましいの奥のほうから、
それでもここにいたいという願いのようなものが、湧《わ》き上がってくることを思い知らされます。

消えてしまいたい、なんて考えるのは、
ほんとうは、居場所を求めているから。
ああそうだ、と顔を上げると、
ほんの一瞬ですが、
目の前がきらきら輝いて見えたことがありました。
うまくいかないことや、どうしようもない苦難に見舞われているにもかかわらず、めぐりあいのなかで心がほかほかとあたたかくなり、ああ、生きていてよかったな、と感じられる瞬間が、たしかにあったのです。
そんな日々の暮らしのなかで見つけた素敵な出会いのかけらたちを、本いっぱいに詰め込みました。

答えの出ない問いの前で、
いっしょに立ち止まってみませんか。
あなたの心の中にある、決して消えることのないさみしさが、
ひととき、ほんの少しだけでも、やわらぎますように。

やせなな（釈妙華《しゃくみょうけ》）

ありがとうありがとう
さようならさようなら
——歌う尼さんの仏さま入門

一　目覚める

いろはにほへと

幼いころはおふとんに入ると、もやもやと何かを考えることもなく、すぐ眠りについたものでした。だからこそ、ごくたまに寝つけない夜があると、世界の果てにひとり、ぽつんと取り残されているようで、とても心細かった。

当時のわたしが寝ていた部屋は八畳ほどの和室で、あおむけになると、木目のついた天井が見えました。豆電球に照らされて浮かび上がるのは、ぐにゃぐにゃとさまざまな模様を描く茶色い線たち。じっと見ているうちに、誰かの顔のように思えてきました。

どれもこれも何かを叫《さけ》んでいるような、もがいているような表情。笑っているものなんてひとつもありません。

怖い。

怖い怖い怖い。

ぐっと力をこめて目を閉じるのですが、ここで眠ってしまっては、天井から茶色の線のおばけがこっちに向かってきて、どこかへ連れ去られてしまうかも、という不安で鼓動《こどう》が速くなります。

同時に思いました。
もし、このまま、もう二度と起きることができなかったら、どうしよう。
わたしのいなくなったこの家は、どうなるんだろう。
おかまいなしに、時は過ぎてゆくのかなあ。
そしたら、みんな歳《とし》をとるんだろうな。いろんなものが変わってしまうのかな。
それよりなにより、そもそもどうして時間は流れてゆくのだろう。
ずうっとこのまま、止まっていたらいいのに――。

とりとめもなく浮かんでは消えることばの波のなかから、鈍《にぶ》い痛みが生まれ、胸に広がりました。耐えきれなくなって、がばっと起き上がり、階下の居間に急いで下りていくと、明るく電気のついた部屋で、大人たちがテレビを見ながらくつろいでいます。
「まだ起きてたの？　早く寝なさい」

そう声をかけられると、深い安心に包まれました。
なあんだ。
ここは世界の果てなんかじゃなかった。何も変わらない日常があるじゃないか。
お父さんもいる。お母さんもいる。よかった。だいじょうぶだ。
ほっとしておふとんに戻ると、いつの間にかすやすやと寝てしまうのが常でした。

それにしても、あのとき感じた得体《えたい》のしれない不安はいったい何だったのかな。
ふとした拍子に考えてみましたが、自分でもよくわかりませんでした。

そんなあるとき、答えはふいに目の前に現れたのです。

いろはにほへと　ちりぬるを
わかよたれそ　つねならむ
うゐのおくやま　けふこえて
あさきゆめみし　ゑひもせす

中学に通っていたころに、初めて教わった古文がこの「いろはうた」でした。

ずっと前から、このうたのことは知っていました。家に置いてあった湯のみ茶碗に、流れるような滑《なめ》らかな文字で書かれていたのを日ごろ見ていたからです。

「これなに？」

茶碗を指して聞くと、歳の離れた姉が、

「昔の人の手習いよ」

と答えました。

「てならいってなに？」

「字を書く練習のお手本やんか。わたしらはあいうえおやけど、昔の人はこれ使ってたんやって」


そうなのかと半ば納得しながらも、わたしは不思議でした。

この「いろはうた」は、わたしたちが教わる「あいうえお」には存在しない文字が交じっているのに、その数は五十音より少ないのです。

昔の人は、これでだいじょうぶだったんだろうか。「ゐ」だの「ゑ」だのといった見慣れぬ文字、こんなの書きづらくなかったのかな。

いろいろと心配になりましたが、音のおもしろさも手伝って、わたしはくりかえし「いろはうた」を唱《とな》えました。

いろはにほへと
ちりぬるをわか
よたれそつねな
らむうゐのおく
やまけふこえて
あさきゆめみし
ゑひもせす　ん

それから十年後。

中学で教わる「いろはうた」は、自分の覚えていたものとは、ことばの切れ目がまるで違うことを知らされたのです。「ちりぬるをわか」ではなく「ちりぬるを」に節目があり、「わかよたれそ」につづくという事実。

衝撃《しょうげき》を受けるとともに、それまで「あいうえお」の代わり程度にしか思っていなかった文字の羅列《られつ》が、突然せつない響きをもって胸に迫ってくるのを感じました。

色は匂へど　散りぬるを
我が世　誰ぞ　常ならむ
有為《うい》の奥山　今日越えて
浅き夢見じ　酔《え》ひもせず

「わがよ　たれぞ　つねならむ、えー、この世でいったい誰がそのままの姿でいられるでしょうか――誰にもかないません、と。ここは答えを想定したうえでの、推量の『む』になりますね。赤ペンでしるしを入れて、しっかり覚えておきましょう」

国語の先生の声は、たんたんと教室に響きます。

でもわたしはさみしくてたまらず、泣き出したいような気持ちでいっぱいでした。

こんなにもおだやかな毎日は、少しずつ、でも確実に移ろいゆくのだ。

時の流れを止めることなんて、誰にもできない。やがて散りゆくいのち。

そう、
つねならむ、いのち。

何かに打たれたように、わたしは口の中で何度も何度も、それまでとは違う「いろはうた」をくりかえしました。

わたしたちの目の前にある日々の暮らしは、浅い夢のようなものなのかもしれない、と、遠い昔の人は詠《うた》いました。それをのちの人々がなぞって書いたのは、文字を覚えることだけが目的ではなく、いのちの真実を知るためだったのでしょうか。

その後も読み直すたび、心がぶるぶると震《ふる》えます。それは幼かったあのころ、眠れない夜に感じた想いにとてもよく似ています。

すっかり大人になった今でも、「だいじょうぶだよ」と呼びかけてくれる決して変わることのない声を、わたしはずっと探しつづけているのかもしれません。

朝焼け

高校時代のわたしは、決してまじめな学生ではありませんでした。「能」を習っていて、それに熱中するあまり落ちこぼれて留年し、ふつうなら三年で卒業するはずのところを、四年も通わなくてはいけないはめになりました。関心のあることに対しては周囲が驚くほど必死で力を注ぐけれども、それ以外のことはさっぱり。

そんなわがままなわたしを見守り、育ててくれたのは、大阪市にある私立四天王寺《してんのうじ》高校の先生方でした。四天王寺高校は地域でも屈指《くっし》の進学校ですが、同時にスポーツや文化活動に力を注ぐ生徒をサポートするコースも設けているのです。

そんなわけで、わたしは大好きな能の稽古《けいこ》に九〇パーセントの力を使うことを許されながら、高校時代を過ごしました。

名前のとおり、学校は寺の境内《けいだい》にあります。

かつて日本に仏教を取り入れ、広めようとした聖徳太子《しょうとくたいし》が建立《こんりゅう》したと伝えられる四天王寺は、天台宗《てんだいしゅう》から独立した和宗《わしゅう》の総本山として、大阪府民のみならず、全国の人々の信仰を集めています。

わたしが通っていた高校でも、週に一度は「仏教」の授業があり、当時の校長・教頭をはじめ、ほかの科目を担当している先生のなかにもお坊さんは少なくありませんでした。

ある日、講堂で教頭先生の法話を聞く、という朝礼がありました。

わたしはお寺に生まれ育ち、仏教に関心がない……こともなかったのですが、毎日朝早くから登校し、放課後は休みなく能の稽古がつづくため、寝ても寝ても寝足りない年ごろです。こんな法話、どうせつまらないに決まっているんだから聞かずにさっさと眠ってしまおう、と生意気にも決めてかかっていました。

ところが、壇上に立った教頭先生のお話は、意外にもとてもおもしろかったのです。

先生は天台宗のお坊さんでもあり、京都府と滋賀県の境にある比叡山《ひえいざん》を百日かけて歩く修行をされたとのこと。その日のテーマは、修行の体験談と仏さまの教えでした。

わたしは、肉体的な「行《ぎょう》」を強制的にはしないことを旨《むね》としている浄土真宗《じょうどしんしゅう》という宗派のお寺に生まれ育ったこともあり、「山を歩く修行」というものがあることを知りませんでした。本堂を飛び出し、ただひたすら山を歩くことによって、体中で感じられる仏法《ぶっぽう》（仏の悟《さと》った真理）というものがあるらしい。

すごい。

当時のわたしは、「すごい」＝「挑戦したい」とすぐに結びついてしまうような、よくいえば行動的、悪くいえば単純な女子高生でした。情熱のような何かが心の中にふつふつと湧《わ》き上がり、思い立ったが吉日、というわけで、朝礼終了後、わたしはまっすぐ職員室へ向かいました。

「先生、わたしも比叡山、歩いてみたいです」

教頭先生は驚いていましたが、そんなことを言い出す生徒の存在がうれしかったのでしょうか、こころよく了承してくださいました。

比叡山では気候のよい時期に、一般檀信徒《だんしんと》向けに一日だけの体験修行への門戸《もんこ》を開いているとのこと。一泊二日で、夜を徹して比叡山を歩くのだそうです。

行きます行きます行きたいです！

家に帰ってことの次第を話し、親の了解を得たわたしは、先生の話を聞いてから約一ヵ月後の五月、比叡山のなかにあるお寺のひとつに向かいました。

服装はジャージの上下（長袖）に、歩きやすいスニーカー。たすき掛けしたかばんの中には、夜道を歩くための懐中電灯と水、そして参加費代わりのお布施《ふせ》を入れ、ほかにはたいして持っていきませんでした。

その日はおよそ二十人ほどの参加者があり、平均年齢は五十代くらいでしょうか。もちろんわたしは最年少です。みなさんはもうすでに何度かこの「行」に挑戦した経験があるようで、初心者のわたしにやさしく声をかけてくださいました。

まずは読経《どきょう》、そしてお坊さんの話を聞き、その後は精進《しょうじん》料理の夕食をいただきます。午後八時に早々と就寝しますが、十二時には起こされ、お坊さんの先導について深夜一時ごろお寺を出発します。

ここからが、いよいよ山を歩く修行「回峰行《かいほうぎょう》」のスタートです。


出発地点であるお寺は山の上にあったので、まずはいったん山を下ります。お坊さんは言いました。

「ここからは〝過去〟を歩きます。決して私語はしないように。不動明王《ふどうみょうおう》のご真言《しんごん》以外は、口にしてはいけません」

〝過去〟を歩く、という意味はよくわかりませんでしたが、自身のこれまでの人生に想いを馳《は》せるというようなことなのかな、とぼんやり理解して歩きはじめました。

道は暗い森の中にあり、誰かが踏みしめた跡はあるものの、まったくのけもの道。それも、非常に急な坂道なのでした。懐中電灯で照らすと、ほんの少しだけあたりが見える程度。恐ろしいほどの闇に包まれています。

そんななか、先導のお坊さんの白い衣だけが頼りでした。絶対に見失ってはいけない背中です。追いかけているうちに、歩く、という意思を持つ前に、あまりの急斜面に足が勝手に下っていくのがわかりました。

ざっく、ざっく、ざっく、ざっく。

すごいスピードで右足、左足、と足は前に前に大きく踏み出され、そのたびに草を踏むのでした。暗くてまわりが見えない、こわい、とか、そんな感情ははさむ余地がないほどの勢いに呑《の》まれてしまったようでした。

「なーまくさんまんだーばーさらだん……」

周囲の参加者は、お坊さんについて、みなさんが「不動明王のご真言」なるものを唱えています。でも、わたしはといえば、口を動かす余裕なんてゼロ。ただ、耳の中に不思議なリズムをもって真言が響きました。

ざっく、ざっく、ざっく、ざっく。

右足、左足、右足、左足。

なーまくさんまんだーばーさらだんせんだーまーかろしゃーだーそわたやうんたらたー

かんまん、なーまく……

〝過去〟のことなど、浮かんでくるはずもありません。だんだん頭の中はからっぽになっていきました。

どれくらいの時間、坂を下ったのでしょうか。ふいに目の前が開け、道は平らになりました。お坊さんがくるりと振り返り、

「ここからはお話ししてもよろしい」

とのこと。どうやら〝過去〟からは抜け出したようです。

急にいつもの日常が戻ったように、みなさん、ゆっくりと歩きながら、お水を飲んだり、疲れたねえなどと声をかけ合ったりしています。

「ちゃんとついてきているね。初めてにしてはよく歩けているよ」

参加者のひとりのおじさんが、わたしに声をかけてくれました。

そうなのか、意外といけるかも、とわたしもひと安心。さっきの下りに比べれば、平らな道なんて楽なものだと思いました。

しかし、そこは深い森の中です。

しばらくのあいだゆっくり歩いていると、今度は目の前が見えないことが恐ろしくなっ

てきました。

足元を懐中電灯で照らし、うつむいて、おそるおそる歩を進めます。すると、またしても先導のお坊さんがくるりと振り返り、

「暗い、怖いといって、足元ばかり見ないように。歩くときは、顔を上げて遠くを見るのです。そうすれば、足元も見えてきます」

と諭《さと》すように言われました。

それを聞いて、わたしははっとしました。

これは、人生のことをあらわしているのかもしれない――そう思ったからです。

〝過去〟の道を駆け抜けて、わたしたちは〝現在〟に至りました。そしていま、〝今〟を歩いていきます。

あたりは真っ暗で、先のことは何も見えない。わからない。

怖い怖いと怯《おび》えながら、必死で足元に光を探そうとするけれども見つからず、次の一歩も出せなくなっていく。

――そんなときは、顔を上げて、遠く、遠くを見るのです。

そうすれば、自分の足元も見えてくる。

真っ暗だと思っていたあたりの森に、月の光が差していることもわかる。たくさんの草木が、いのちが、息づいていることも。

当時のわたしはまだ十八歳で、いま思えば、何の悩みもありませんでした。それでも、お坊さんの言葉は深く心に刻まれました。


そうしてしばらく平らな道を歩いて、何度かお堂の前でお経を読んだり、休憩をとったりしているうちに、回峰行はいよいよ終盤にさしかかりました。

コースの最後は、ふたたび急斜面です。しかも、今度は登り。出発地点である山の上のお寺まで戻らなくてはいけません。

それまで、何時間も歩いてきました。慣れないけもの道を猛スピードで下り、暗い森の中をえんえん進みました。足はもうパンパンです。

顔を上げると、目の前には坂道が待っていました。あたりは日の出前で、次第に明るくなってきたのがわかります。

「さあ行きますよ」

ひとこと、そう言い放つと、お坊さんはそれまで以上のスピードで、ぴょんぴょんとまるで跳《は》ねるように坂を上がっていきました。

ついていかなくちゃ……と思っても、ほんの少し登っただけで息は切れ、足は思うように動きません。背中はあっという間に遠ざかり、とうとう二十人ほどいた参加者のなかでもわたしは最後尾になってしまいました。

ここを登りきる体力なんて、もうどこにも残っていません。どうしよう。立ち尽くしていたとき、先ほど声をかけてくれたおじさんが、手を貸してくれました。

「だいじょうぶかー」

おじさんといっしょに、何人かの女性たちも引き返してきてくれました。木の棒を差し出して「これにつかまれー」と声をかけてくれます。さらにはわたしの背中に回って、後ろから体を押してくれます。

「がんばって、あとちょっとだから」

わたしの頭の中はふたたびからっぽになり、ただただ「登る」ことに必死になりました。

一歩、また一歩と、多くの人に支えられながら、少しずつ歩を前に進めます。それはとても長い時間がかかったような気がしました。

「ついたよー！」

ふいに、背中を押してくれていた女性のひとりが、明るい声をあげました。

やっと、やっと、坂を登りきったのです。

がくん、とその場に座り込むと、周囲の参加者はみんなにこにこと笑っていました。

朝日が昇り、あたりはすっかり明るくなっていました。


水を口にし、ひと息つくと、すぐにお寺の本堂に集合です。

全員で仏さまに向かい、手を合わせ、お経を唱えました。

お堂の扉は開け放たれ、山の風がすうっと通りすぎていきます。外には輝く朝焼けが見えました。

そのとき、ふと思ったのです。

人のいのちの最期は、坂道なんだろうな、と。

出会った人の支えを借りながらも、一足、また一足と、残されたすべての力を使って、自分で歩まなければならない、きびしい坂。

登りきったところで待っているのは、夜明けの光。

笑顔、風、そして響く仏さまの声。


またいつか、いらっしゃい。

そう言って、お坊さんは、静かにほほ笑みました。

✲「発菩提心《ほつぼだいしん》」〜まずは心をよせることから

「菩提」はサンスクリット語（古代インドの言語）の「bodhi《ボーディ》」の音写で、真理を体得すること、すなわち「悟《さと》りを得ること」をあらわしています。

それを踏まえて「発菩提心」ということばの意味を考えると、

「菩提＝悟り」に向かって、

「心」を、

「発する＝おこす」こと、

と理解できます。

いまからおよそ二千五百年前に、インドで生まれた釈迦《しゃか》族の王子さま、ゴータマ・シッダッタは、何不自由ない恵まれた暮らしを送っていました。

あるときお城から外出した際に、東の門では老人を、南の門では病人を、西の門では葬列を目にし、非常に強いショックを受けます。「いつか自分も年老いて、病を得て、死んでしまうのだ」と気づいたからです。

これらの苦しみをなんとかして解決できないだろうか、と思い悩んでいたとき、今度はお城の北の門で修行者を見かけました。その姿に、自身の進むべき道はここにあると感じ入り、出家されたのだと伝えられています。

この説話を「四門出遊《しもんしゅつゆう》」といいます。

ゴータマ・シッダッタは、その後悟りを開き「仏陀《ぶっだ》」となられました。仏陀とは「Buddha《ブッダ》」の音写で、「真実に目覚めた者」を意味します。

「釈迦」族の聖者（＝「牟尼《むに》」）で、世にも尊い人（＝「世尊《せそん》」）ということから、一般的には「釈迦牟尼世尊《しゃかむにせそん》」と呼ばれ、それを略して「釈尊《しゃくそん》」といわれています。

通常わたしたちは親しみをこめて「お釈迦さま」と呼ぶことが多いでしょう。

お釈迦さまは悟りを得た直後、その内容があまりにもむずかしいため、ほかの人には理解できないのではないかと考えました。そして教えを説《と》くことをためらい、自分ひとりだけで静かに味わうことにしたのです。

しかし、インドの最高の神さまである梵天《ぼんてん》に勧められ、説法を決意しました。どのような境地を体験したのかをことばにして伝えることで、人々を救い、導こうとされたのです。

わたしたちの身近にある「仏教」は、お釈迦さまの教えを受け継いでいますので、悟りの境地を知ろうと努め、学び、耳を傾け、見つめ、触れ、感じ取り、求めてゆく道であるといえます。

考えてみると、ゴータマ・シッダッタが立ち止まった四つの門は、わたしたちの目の前にも、すでに現れています。

日々の暮らしのなかで、避けて通ることのできない苦しみに出会ったとき――たとえば、老いた家族の介護をするとき、自分が重い病《やまい》に侵《おか》されたとき、たいせつな人が亡くなってしまったとき――それはまさに、昔々のインドでひとりの王子が立ち止まった三つの門の前に、わたしたちもまた同じように立たされているといえるでしょう。

そして四つ目の門、救いを求めて歩む道もまた、わたしたちの目の前に開けています。

それは、家を捨て、世間を離れなければ足を踏み入れることができないような、きびしい修行の世界ではありません。いま、この瞬間も、苦しみを背負わずにはいられない、わたしたちの人生のなかにあります。

ふと疲れてしまったとき、もうだめかもしれないと絶望したとき、さみしくてたまらないとき、そこには次の一歩へとつづく門があるのです。

とはいえ、すべての迷いを超えて目覚めてゆくことなど、わたしたちにはなかなかできるものではありません。しかし悟りの境地に到達することそのものに挑《いど》むのではなく、やすらかな心を求めることがとても重要です。

日々の暮らしのなかで、まずは気づき、心をよせることから、道ははじまります。

二　移りゆく

散りゆく花

思春期、とはよく言ったもので、文字を見ていると、その年代のことを的確にあらわしているとつくづく感じます。
草木が芽吹き、つぼみは一斉に花を咲かせる、そんなあたたかい春が到来する少し前の不安定な気候のなか、さだまらない心を抱えながら、ものを思う時期――それが思春期に対してわたしが抱くイメージです。

もちろん、わたし自身にも思春期はありました。
なぜ人は生まれてくるのか、そしてなぜこんなにも孤独であるのか、
愛とは何か、希望とは何か、絶望とは何か、
生命はなぜ必ず終わりを迎えるのか……うんぬんかんぬん。
中学校ではコーラス部に所属し、周囲のみんなと無邪気《むじゃき》にたわむれていたにもかかわらず、一方で「テツガク的」に物事を考えている自分は、なんだかとてもかっこいいような

気がして、学校から帰ってひとりになると、たいして悩んでもいないくせにため息ばかりついていました。

どこかにこの「ゆううつ」の出口はないものか。

生意気にも眉間《みけん》にしわを寄せて考えあぐねていたある日、わたしのもとで人生を大きく変える出来事が起きました。「能狂言」との出会いです。

中学二年生の九月、学校の文化鑑賞会で、わたしは生まれて初めて「狂言」を見ました。狂言は、日本で古くから演じられてきた芸能です。大がかりな舞台セットや照明、音響や映像などは使わず、二〜三人という少人数の役者さんが、身振り手振りを駆使して、喜劇を演じます。

何もないはずの舞台の上で、狂言師が動き、語ると、そこには秋晴れの青い空も、広がるのどかな田畑も、遠くに見える山々も、にぎやかな街角も、大きなお屋敷も、すべてくっきりと浮かび上がってくるのでした。

さらに、伸びやかでよく通る声に乗る言葉づかいは古風で美しく、はっはっはと笑うと空気までもが揺さぶられるようで、思わずこちらもつられて笑ってしまいます。

なんと繊細な動き、そしてなんというおおらかな世界観！

わたしは初めて触れた日本の伝統文化に感動したと同時に、とてもわくわくしてきました。

わたしも、やってみたいなあ。

ピアノやバレエを習うように、狂言、習えないもんやろか。

思いついたら即行動、というわけで、わたしは親に頼みこんで、狂言を教えてくれる教室を探すことにしました。すると母から、奈良市内に能を教える稽古場《けいこば》がある、という情報を得たのです。やったあ。意外と近いやんか、と喜んだのも束の間。

ちょっと待って。

能……？

たしかに「能狂言」とまとめて書かれているのを目にしたことはあるけれど、わたしが習いたいのはあくまで「狂言」。その教室でほんまに合ってるのかなと迷っていると、母が、似たようなものじゃないの、と言うので、思いきって電話帳に載っていた番号に直接たずねてみることにしました。

電話口の男性は、こちらでは狂言は教えておりません、とキッパリ。

なあんだ、がっかり。それでも、

「ぜんぜん違うものなんですかね？」と食い下がってみると、

「うーん、ぜんぜん違う、とも言いきれませんね」とのこと。

「？？？」

「とりあえず、一度お稽古を見学されてみてはどうです？」

はあそうですね、と迷いつつも見学の予約をとりつけ、電話を切りました。

ところで、「能」って、なんだろう。


数日後、何も知らないままに訪ねた稽古場は、私鉄のターミナル駅から徒歩五分という便利な場所にありましたが、周囲は閑静《かんせい》な住宅街です。自宅兼稽古場という和風のお宅に近づくと、独特の唸《うな》り声のようなものが、道路までたしかに聞こえてきました。

おそるおそる扉をあけると、そこには和室と、間つづきの練習用舞台がありました。まさに稽古の真っ最中で、見学でしたらご自由に、という感じ。

師匠《ししょう》とともに舞台上にいた生徒さんは、五十代くらいの女性でした。ブラウスにパンタロン姿で、足元には足袋《たび》を履いています。

なによりもびっくりしたのは、その手に長刀《なぎなた》を持っていたことです。眼光は鋭く、いまにも切りかかってきそうな緊迫した空気が漂っていました。

するとと突如《とつじょ》、和室にいる若い男性が何かを大きな声で唄い出したのです。それを合図に、女性は動き出し、長刀を四方八方に振り回しては、ときにはがつん、がつんと膝《ひざ》をついて舞うのでした。

なんだこれは!?

それは、ついこのあいだ学校で見た狂言とはまったく違う世界でした。

でも。

なんてかっこいいのでしょう。

朗々と響き渡る声、気迫、まったく無駄のない動き。

すごい。

わたしの心臓はどきどきと音を立てはじめ、思わずほうっとため息が出ました。

女性は稽古を終えると、にこにこと愛想のよいふつうのおばさんの表情に戻りました。

そのギャップを目《ま》の当たりにしたわたしは、能というものは、習う人をどこか遠く別の世界へいざなってくれるものなのだな、ということを理解しました。

「わたし、能、習いたいです！」

当初思い描いていた狂言のお稽古とはまるで違うものになりそうでしたが、即決。

そうして、十四歳になって二ヵ月目の秋、わたしは能のセリフ回しである「謡曲」と、主役の踊りである「仕舞《しまい》」を習いはじめました。


能は、狂言とは兄弟芸能ともいわれており、歌あり踊りありの舞台芸術です。

一部、神さまをモチーフにした演目以外は、狂言が笑いを誘うお話であるのに対し、能は喜び・悲しみ・怒り・怨《うら》みといった感情をテーマにしたシリアスなストーリーがほとんど。

それらはもともと中国から伝わったさまざまな芸能でしたが、室町時代に観阿弥《かんあみ》・世阿弥《ぜあみ》という役者親子の手によって、ひとつの舞台芸術として確立されたと伝えられています。

江戸時代には儀式に用いる芸能として幕府の庇護《ひご》を受け、以後ほとんど変わらぬ様式を今日まで守ってきました。

演じる能楽師は世襲が多く、親から子、子から孫へと、現在でも技術はたしかに伝承されています。各地で定期的な公演が開かれているほか、大人の趣味としての人気も高く、多くの愛好家が稽古に通っています。

なかでも奈良は能楽発祥の地といわれ、家元《いえもと》直系の稽古場がすぐに見つかったというわけでした。

いざ稽古がはじまると、謡曲については、「謡本《うたいぼん》」と呼ばれる和綴《わと》じの薄い本を渡され、師匠と机をはさんで向かい合い、オウム返しをつづけることになりました。

最初に教わったのは、『清経《きよつね》』という平家物語を題材にした物語。セリフはすべて古文です。

「急ぎ候ほどに都に着きて候」

「いーそーぎーそーおーろーおーほーどーにーみーやーこーにーつーきーてーそーおーろーお」

「いかに誰かおん入り候」

「いーかーにーたーれーかーおーんーいーりーそーおーろーお」

師匠の声をまねて返してみても、何を言っているのか、慣れるまでは正直いってちんぷんかんぷん、音を追いかけるだけでせいいっぱいでした。それでも、不思議な語感がおもしろくて、稽古場だけでなく、家に帰っても何度も何度も声に出して読みつづけました。

すると、この話は源平合戦で負けた、平家の武将が主人公であることがだんだんわかってきたのです。

主人公・平清経《たいらのきよつね》は、平家軍が次々に敗れたことで追い詰められ、もうだめだ、と自らそのいのちを断ってしまいます。残された妻のもとに、家来が形見の髪の毛を届けにきてくれました。

戦《いくさ》に負けて殺されてしまったならまだあきらめもつくけれど、わたしを残して死んでしまうなんてひどいわ、と妻は髪の毛を見てさめざめと泣きます。すると、夫である清経が幽霊に姿を変えて会いにきてくれたのでした……と、それはなんともせつない物語。

くりかえし読むうちに、外国語のようにむずかしかった謡《うたい》もしだいに耳になじむようになり、ひとつひとつのシーンが見えてきました。

そして稽古をはじめて数ヵ月後、師匠が演じる『清経』を初めて見たのです。

舞台上にセットはなく、照明も音響も映像も使わないところは、かつて学校で見た狂言と同じでした。違うのは、舞台のはしっこに地謡《じうたい》というコーラス隊が座っていること、お面をつけた登場人物が多いこと、そして衣装が金欄緞子《きんらんどんす》できらきらと輝き、とっても美しい色彩を放っていること。

正直いって現代に暮らすわたしたちから見ると、動きそのものは地味で、言葉もむずかしく、なによりもすべてがとてもスローなので、逆についていくのは大変なのですが、その緩《ゆる》やかな波には抗《あらが》えない魅力があり、気がつけばぐいぐいと惹《ひ》きこまれていました。

うたたねに　恋しき人を見てしより　夢てふものは　頼みそめてき

舞台に登場した清経は、『古今和歌集』におさめられた小野小町《おののこまち》の歌を静かに詠《うた》ったあと、やさしく呼びかけます。

いかにいにしえ人　何とてまどろみたもうぞ　清経こそこれまで参りて候え

（注「何とてまどろみたもうぞ」は、わたしが教わっていた金春流《こんぱる》のセリフで、流儀によってはありません）

なつかしくていとしい人よ、どうして寝ているの、僕はここまで帰ってきたんだよ、という感じでしょうか。美しいことばに、胸がきゅうんとしました。

清経と奥さんはあれやこれやと言い合いをしたものの、最後は仲直りをします。清経は自分の最期がどのようなものであったのかを、美しい舞とともに奥さんに懸命《けんめい》に伝えます。

そしてお話のクライマックスは、清経の霊が苦しみを越えてみごと成仏《じょうぶつ》し、めでたしめでたし、というもの。

最後に笛や鼓《つづみ》の音が止むと、舞台はこれ以上ないほどの静寂に包まれます。そして、背を向けた主役が、しずしずと幕に向かって引いていくと同時に、客席からは拍手が湧《わ》き上がり、会場に広がっていきました。

その後は主役以外の登場人物も、楽器の演奏者も、拍手のなか、みな同じように静かに引いていくだけで、客席へのあいさつやカーテンコールはありません。

からっぽになった舞台を見ると、無性《むしょう》にさみしくなりました。


それに、幽霊になって出てきて、成仏しておしまいとは、やけにあっさりとしていて、いまひとつ納得のいかない悲しいエンディングではありませんか。

でも、これは能の筋書きとしては、決してめずらしいものではないのでした。


その後もわたしは夢中で稽古に通い、いろんな能を教わっては観にいきましたが、どれもこれもほとんどの主役は幽霊。かつて生きていたころの楽しかった日々を振り返って出てきました、もしくは、苦しくて死んでも死にきれずに出てきたんです、というパターンがとても多いのです。

いずれにしても、生きていたころのことに執着《しゅうちゃく》して嘆《なげ》いていると、最後には決まってお坊さんが出てきてなにやら祈ってくれる。すると、おかげさまで成仏できましたサヨウナラ、で、ジ・エンド。ざっくり書くと、こんな筋書きのじつに多いこと。

なぜだろう、と疑問に思っていたとき、ある能の解説書を目にしました。はっきりとした文章は覚えていませんが、

「花をいちにちでも長く咲かせようと努める芸術は多いけれど、能では、散りゆくさまを描き、愛《め》でるのです」

といったようなことが書かれていました。それが日本人特有の感性なのでしょう、とも。なるほど、と深くうなずかされる考え方に、わたしは強い衝撃を受けました。

能を見るといつもさみしくなるのは、散りゆくさだめを受け止めた者が、これ以上ないほど美しく描かれているからなのです。

ずっと変わらない永遠のしあわせ、なんてものは、ほぼ題材にならない（お祝いものなど例外はあります）。限りあるいのちの美しさをめいっぱい表現しているともいえるので

した。

わたしは、自分がいったい何に惹かれていたのか、はっきりと気づきました。

その後、二十一歳までの七年間、わたしは能に夢中になり、その題材になっている『平家物語』や『源氏物語』、昔々の神さまの伝説などに心をときめかせ、挙げ句の果てにはプロの能楽師を目指して楽屋仕事の手伝いまでやるようになりました。

しかし、残念ながら思春期特有の熱が冷めてしまい、結局はつづけられませんでした。師匠は亡くなり、いまとなっては能を観にいくこともほとんどなくなりましたが、夢うつつの中を漂うように舞う主人公たちの姿は、たしかに心に残っています。

誰もいなくなった後に残された、舞台の静けさとともに――。

夢のお好み焼き

いまわたしは、とあるカフェでこの原稿を書いています。こぢんまりとした店内は白と茶色に統一されたおしゃれな内装で、わたしの暮らす町ではめずらしく、イタリア風の本格コーヒーや、少し手の込んだミニコースを出してくれるため、このあたりの女性客に人気なのです。

数年前まで、ここは「タロー」という名のお好み焼き屋さんでした。わたしは子どものころから、よく母に連れられてこの店に来ていました。大阪生まれのわたしの母は、お好み焼きに関してはけっこううるさい人なのですが、このお店の味だけは手放しで気に入っていました。

ガンコそうな店主は照れ屋なのか、よけいなことは一切話しません。でもいつもにこにことほほ笑んでいる、ひょろりと痩《や》せたおじさん。お好み焼きをつくるその手さばきはじつにリズミカルで、まさに職人芸でした。

そんな店主の下には修業中らしき男性従業員がいました。こちらは朗らかなお兄ちゃんで、よくアルバイトのかわいい女の子をからかっていました。いつも冗談《じょうだん》を飛ばしながら、お好み焼きを焼いてくれたっけ。

店内は壁の全面が明るい色の板張りで、一九八〇年代の香りあふれるポップな雰囲気でした。当時の流行の最先端をゆくインテリアが、幼いわたしには「海の家」のように思えました。明るい日差しがいっぱい差し込んでいるような、そんな印象です。

タローでは、わたしが抱いていたそのイメージどおり、真っ青な海の色をしたトロピカルジュースも出していました。大きなグラスのふちにはパイナップルがトッピングされ、ハートの形になっている色あざやかなストローが差し込まれています。

そんな飲み物に合わせようとしたのか、弟子《でし》のお兄ちゃんは、鉄板が空くと、よく新しい洋風お好み焼きの試作品をつくっていました。チーズやピザソースをたっぷりのせる、斬新《ざんしん》なピザ風お好み焼き。じゅうじゅうと音を立てて焼けてゆく、こんがりおいしそうなチーズを横目で見ながら、これが早く正式メニューになるといいのにな、と思ったものでした。

店は夜遅くまで開いていていて、いつもにぎわっていたようです。活気あふれる店内に流れる音楽は、店主の好みだったのでしょう、必ずオールディーズでした。

しかし、それから数年後――。

いつしかタローは、夜の営業をやめていました。たくさんあったメニューは、そのほとんどが白い板でおおわれてしまい、子ども心にあこがれた海の色をしたトロピカルジュースも姿を消しました。

店には修業中のお兄ちゃんも、かわいいアルバイトの女の子も、もういません。相変わらず口数の少ない店主が、ひとりでお店に立っているだけです。

長年の営業で、きれいだった内装もあちこちが傷《いた》み、しずくがぽたぽたと落ちる壊れかけた空調機の下で、三十路《みそじ》のわたしは、還暦を過ぎた母と、しばしば並んで「イカ玉」を食べました。

ふかふかとした生地のなかに、絶妙な歯ごたえを残すキャベツ。甘辛《あまから》いソースとマヨネーズ、青海苔《のり》とかつおぶしの比率も完璧《かんぺき》で、シンプルだけど確かな味は、ほかでは決して口にすることができないものだったのです。

味とともに変わらなかったものは、ガンコに流れつづけていたオールディーズ。

がらんとした店内に、ニール・セダカの歌声だけが、昔と同じように明るく響いているのは、なんともせつなかった。

そしてある日、タローは突然閉店しました。何の前触れもなく。よく見かける、シャッターの上に「長らくのご愛顧《あいこ》ありがとうございました」と書かれた貼り紙のあいさつといったものすらありません。

唐突に閉店し、まもなく工事がはじまり、数日後、お好み焼き屋とは似ても似つかぬ、きれいなカフェができたのでした。

おじさん、いったいどこへ行ってしまったの。

閉店するとわかっていたら、最後にあと一回だけ、あのイカ玉を食べにいったのに。

ああ、きっと最後まで、よけいなことは言いたくなかったんだろうな。あのおじさんらしい、サヨナラだったのかもしれない。

いまわたしがいるカフェのＢＧＭはボサノバ。ここにはもう二度と、なつかしいオールディーズが流れることはないでしょう。

けれども、わたしの耳の奥には、いまも残っているのです。

ガンコなおじさんが好きだった、底抜けに明るい恋のうた。

そして、決して忘れることのない、夢のお好み焼き六百五十円也。

親子カラオケ

「親の影響で洋楽を聴きはじめたことがきっかけで、音楽を好きになり……」とかなんとか、そんなミュージシャンのコメントを耳にすることがありますが、わたしは音楽の道を志《こころざ》すにあたり、親の影響はほとんど受けていません。

なぜなら、七十歳になるわたしの父は、はっきりいって音楽オンチなのです。

若いころ熱心にレコードを聴いていたわけではなく、自ら進んでコンサートへ足を運ぶ機会も持たず、洋楽もクラシックもちんぷんかんぷん。もちろん楽器も弾《ひ》けず、せいぜい流行歌を口ずさめる程度。それも、最近の音楽にはさっぱりついていけない様子です。

そんな父と、先日ふたりきりでカラオケに行くことになりました。

ある夜、知人を交えてお酒を飲みにいった帰り道、酔っぱらってゴキゲンだったわたしたち親子は、まだ時刻が早かったこともあり、カラオケに行こう！　ということになってしまったのです。

適当なカラオケボックスを見つけ、せまい部屋に通されて初めて気づいたのは、こうして父とふたりでカラオケにきたのは生まれて初めてだということでした。

若いころからわたしはシンガーソングライターを目指して努力をつづける毎日を送っていて、父にもずいぶん応援してもらっているのに。親子で歌を唄ったことなど、一度もなかったのです。

酔ったいきおいに任せてきたものの、いざとなると父はおとなしくなり、

「お前が唄えばいい。お父さんは唄わへん」

の一点張り。

静かにしていても仕方がないので、そうなん、ほな遠慮なく唄うで、と、わたしは父を放ってひとり、自分の好きなポピュラーソングを唄うことにしました。

父はそんなわたしの隣で、まるで借りてきた猫のようにちょこんと座り、ウーロン茶を飲みながら、時折ぱちぱちぱちぱち、と拍手しています。

なんだこれは。

せっかく親子でカラオケにきたというのに、しらけた空気が漂い、まるで楽しくないではありませんか。

わたしは父にも唄うよう、うながしました。幼いころの記憶をたどり、家族旅行でいった温泉宿のカラオケで父が唄っていた曲を、わたしが勝手にカラオケ機器に入力してみます。

「つぎ、お父さんの番やで」

イントロが流れ、強引にマイクを手渡すと、カラオケなんか久しぶりやわ、と照れながらも、父はわたしが選んだ古い歌謡曲を唄いはじめました。

意外にも高めの響きを持つ父の歌声は、ことばの発音がていねいで、音程はしっかりしています。ふむふむ、いい感じ。

父は、一曲唄い終わると緊張が解けたのか、その後は自分で曲を選びはじめました。わたしもまた、父が唄うものと同じ年代に流行した歌を探して、次々と入力。父にもおなじみのナンバーばかりです。

いつしか親子カラオケは盛り上がり、とうとうデュエットにも初挑戦することになりました。

選んだその歌が流行《はや》ったのは、いまから三十年以上前のことでした。

当時わたしは幼稚園児。父は……と考えると、いまのわたしよりも年下だったことに気づき、はっとします。

あのころのわたしにとって、父は自分たちを守ってくれる、絶対的な「パパ」という存在でした。でも、実際のところは、まだまだ若いその両肩に、家族を背負って奮闘《ふんとう》する青年にすぎなかったのだということが、いまさらながらわかりました。

そうそう、あのころも、ときには酔っぱらって帰ってきたっけな。

たまにはいいだろうと羽をのばして、どこぞのきれいなホステスさんと腕を組み、照れながらこの歌を唄っていたのかな。

そう考えると、わたしの心の中にはなにかくーっとこみ上げるものがありましたが、それを抑えながら、甘い恋の歌を、父といっしょに唄いきりました。


カラオケを終えて店を出ると、楽しかったなあ、とにこにこする父。

うん、と答えながら隣を見ると、そこには「パパ」というよりは、すっかり「じいじ」が板についた横顔がありました。

顔に刻まれたしわは年々深くなり、白くなった髪の毛もいつしかずいぶんと薄くなっています。わたしは父に育ててもらった年月を想い、胸がいっぱいになりました。

そんな気持ちは、うまくことばにして伝えることができなかったけれど。

素敵な夜をありがとう、お父さん。

おもいで弁当

このところ遠方でのコンサートがつづき、長距離移動が多い毎日を送っています。そんななかで楽しみのひとつにしているのが、お弁当。駅や空港の売店で購入し、特急列車や新幹線、飛行機の中でいただきます。

乗り換え時刻に追われながらの短い時間ではありますが、店頭に並ぶさまざまなお弁当のなかから、これだ！　と思えるひと箱を選び、ドキドキしながらふたを開ける。ささやかな喜びを感じる瞬間です。

その土地の特産品を使った豪華なものや、つくりたてのおかずを詰めてくれるあたたかいお弁当なども魅力的ですが、最近では出張の会社員も健康志向なのでしょうか、野菜をふんだんに使った低カロリー商品も人気があるようですね。

何十品目使われています、とか、塩分ひかえめ、とかいったうたい文句もよく見かけます。こういった野菜中心のお弁当は、家庭の食事のようなやさしい味がするので、わたしも好んで食べています。

大きめに切られた里芋やにんじんといった根菜類に、出汁《だし》がよく染みたしいたけの煮物。焼き魚に、ピリッと辛みのきいたきんぴらごぼう。雑穀《ざっこく》米に梅干し……。疲れた体が癒《い》やされるような気がします。

でも、自分にとって理想のお弁当はどんな内容なのかとあらためて考えてみると、残念ながらお店で売られているもののなかには見つけられないなあと思うのでした。

それは幼いころの記憶のなかにあります。


わたしが通っていた小学校では、毎日お昼に給食が出されました。そのため、お弁当を持たせてもらえるのは、遠足と運動会のときだけ。まさに特別なごちそうでした。とはいえ、わが家のメニューは毎回同じです。

まずは海苔を巻いたおにぎり。おおよそひと口サイズの小さなもので、中にはおかかやこんぶ、梅干しが入っていました。これがお弁当箱の半分を占めており、六〜八個ほど行《ぎょう》儀《ぎ》よく並んでいます。

その隣に入っているおかず、メインはなんといっても卵焼きです。

祖母がつくってくれるものはかなりの甘口で、どっしりとした硬さがありました。母のお手製はほわほわと柔らかく、こちらは甘さのなかにも塩味がきいています。どちらも大好きで、甲乙つけがたいおいしさでした。

そしてサブのおかずは赤いウインナーと、塩で味つけしたきゅうり。ここは昔ながらの「赤いウインナー」でないといけません。

当時わたしの住んでいた田舎《いなか》の小売店には、この種類のウインナーしか売っていませんでした。タコの形に切られていることは稀《まれ》でしたが、いつも切れ目を入れて中までしっかり火が通してあります。

ここにマヨネーズをほんの少しつけると格段にうまみが増し、こんなにおいしいものはほかにないだろう、と子ども心に思っていました。

きゅうりは、切りたてにさっと塩をすりこんだものです。こうするとしんなりと浅漬けのような状態になって、お昼ごはんをいただくころには最も美味に。

これらの定番おかずは、色合いも赤・黄・緑色とあざやかで、開いた瞬間からわくわくしたものでした。

さて、こうして想い出をたどりながら書いてみましたが、「理想のお弁当」などと息巻いてみたものの、内容はさして特別なものではなかったことに気づかされます。

でも、あれはおいしかった。格別においしかった。豪華なご当地グルメ弁当よりも、ほかほか揚げたてカツ弁当よりも、三十品目健康弁当よりも、ずっとずっと。

それは、お母さんやおばあちゃんが、朝早起きをしてつくってくれたものだったからにちがいありません。お弁当を開くわたしの笑顔を想い浮かべながら、母も祖母もまた同じようにわくわくしていたのでしょうか。

楽しんでいっておいで――それはやさしさと愛が詰まったお弁当でした。

お日さまの下、同級生たちといっしょにはしゃいで食べた記憶のなかの味。それは、どんなに高いお金を払っても買えない、たとえ同じおかずを詰めて再現しても決して味わえない、唯一無二《ゆいいつむに》の「おもいで弁当」です。

今度はすっかり大人になったわたしが、愛する誰かのために心をこめてつくる番なのでしょうけれども……。

三十路も終わりにさしかかり、駅弁片手に東奔西走《とうほんせいそう》する毎日のなかでは、なかなか実行できそうにありません。とほほ。

✲「諸行無常《しょぎょうむじょう》」〜すべてのものは移りゆく

「諸行」＝すべてのもの
「無常」＝常ではない

諸行無常ということばは、「いろはうた」や『平家物語』の冒頭などにも著《あらわ》されていることから、わたしたち日本人にはなじみのあるものではないでしょうか。

これは仏教の特徴をあらわす、三つのしるし「三法印《さんぽういん》」のひとつです。

①「諸行無常」……あらゆる現象は変化してやまない
②「諸法無我《しょほうむが》」……いかなる存在も不変の本質を持たない
③「涅槃寂静《ねはんじゃくじょう》」……迷いを脱した悟《さと》りの境地は、静かで安らかである

わたしたちが認識しているあらゆるものは、いろいろな原因が重なり合って、たまたまその姿で、いま、ここに存在しているにすぎません。その直前の瞬間とまったく同じ状態を保つことができないのです。

たとえば、窓の外に目をやると、風が吹き、木々が揺れているのが見えます。

いま起こった風と同じ強さをもって、寸分違《たが》わず同じ方向から、同じ時間の長さで吹く風は、二度とないでしょう。また、吹かれた木の揺らぎも、同じ葉っぱが、さっきとまったく同じ角度で動くことはありえません。

仮に、さまざまな偶然によって、同じ状態で木々が動いたとします。

しかし、木の中のことを考えると、その細胞は刻一刻と変化をつづけています。ゆらゆら揺れている葉っぱもまた、一見してわからなくても、その内側では変わりつづけているわけです。

それら「移り変わるもの」を、見ているわたしたち。

「自分」という変わらないものがあって、遠く離れた場所から周囲を眺《なが》めているかのように錯覚しがちですが、この「わたし」もまた無常であり、決して例外ではありません。

わかりやすい身近な例として、数年前に旅行先で撮った写真をご覧ください。楽しかった想い出は、まるできのうのことのように鮮やかによみがえることでしょう。

しかし、そこに写る自分の顔は、残念ながら今朝起きて鏡で見たものとは、何かが違うはずです。認めたくはありませんが、確実に歳《とし》をとっていることに気づかされるのではないでしょうか。

歳をとるということは、それだけ死に近づくことを意味し、直視するととても恐ろしいものです。ですからわたしたちは、なるべくその流れに抵抗して、先送りしたいと願っています。

健康食品を買い求めるのも、肌つやを保つ化粧品を使うのも、いつまでもお若いですね、というセリフをほめ言葉として使うのも、手紙の冒頭のあいさつで「お変わりありませんか」と書くのも、「変わらないことが望ましい」という前提に立っているからです。

しかしその願いは、決して叶《かな》いません。

認めたくない、といって抗《あらが》うと、苦しみや迷いが生まれます。

逆らうことなく、もがくことなく、肩の力を抜いて、すべては移ろいゆくものであるという真理をそのまま受け止めてみましょう。

二度とめぐりくることのない尊い一瞬一瞬が、いま、わたしのいのちの上にあるのだということを知ると、世界は変わって見えてくるかもしれません。

三　受け入れる

猫の教え

人気のペットといえば、やはり犬と猫ではないでしょうか。多くの人が生活を共にしている、とても身近な相棒ですよね。

ただ、両者は持っている性質がかなり異なるようです。集団行動が得意で飼い主に忠実な犬と、単独行動が好きで自由気ままな猫。どちらを好むかによって、周囲とのつきあい方や性格も分かれるのかもしれません。

わたしはといえば、断然、猫派です。

幼いころ、わたしは犬が苦手でした。学校の行き帰りに通るお宅の玄関につながれていた犬は、子どもが通りかかるとたいていものすごい勢いで吠《ほ》えるのです。

単に「遊んで、遊んで」とはしゃいでいただけなのかもしれませんが、わたしは大きな体つきや声が恐ろしくてたまらず、いつも全速力で逃げていました。犬特有の押しの強さのようなものを、受け止めきれなかったのかもしれません。

それとは対照的に、猫には縁がありました。

ある日突然、姉が捨て猫を連れて帰ってきたのです。母がひょいと抱き上げて顔をのぞき込み、

「うん、なかなかかわいらしいやんか」

とにっこりしたことは、いまでもはっきりおぼえています。猫はその場で、わたしたちの新たな家族となりました。

まだ生後半年に満たないほどの、ちいさな女の子。頭からしっぽの先までグレーのキジトラ模様で、おなかと手足は真っ白です。痩《や》せていて、小刻みに体を震《ふる》わせていました。

こうして動物を迎えた場合、最初に決めなければならないものは呼び名でしょう。わが家でも、すぐに話し合いがひらかれました。

姉は、自分が連れて帰ったのだから、自分の名前に〝二世〟をつけるのだと言って一歩も引かない構えを見せていましたが、家族全員からの大反対に遇《あ》い、あえなく却下。

その後は猫の名前のスタンダードともいえる「タマ」「チビ」「トラ」などが候補に挙がりましたが、どれもこれもしっくりきません。

結局、もうわからへん、とみんなさじを投げてしまい、仕方がないので「おーい、ねこ

ー」と呼びかけているうちに、いつしか名前は「ねこ」になってしまいました。

ただし、後日「ねぬこ」が正式名称になります。あまりにもかわいいので、猫撫《な》で声で「ねこーん」と呼んでいて、それがなまって定着したというわけです。

そんな「ねぬこ」との出会いから、およそ三十三年。わたしはずうっと猫といっしょに暮らしてきました。


猫は人を見ても、大きな声で吠えたりはしません。その代わり、一目散《いちもくさん》に駆け寄ってくるような一途《いちず》さもありません。

帰宅したときにただいま、と声をかけると、気が向けば玄関で出迎えてくれますが、たいていは自分が寝ていた場所から一歩も動こうとせず、せいぜい顔をちょっと上げるか、しっぽを一振りする程度。

だからといって冷たいのか、というと、そんなことはないのです。

家族が集《つど》う部屋の片隅《かたすみ》――たとえば最もふかふかした椅子《いす》の上や、部屋全体を見渡せる高い棚の上など――にお気に入りの場所を確保し、つかず離れずの距離を保ちながらも、ずっとそばにいます。

家族の語り合う声や、ぬくもりが大好きなのでしょう。だんらんの輪の中に、いつもそっと寄り添っているのです。

食べたいときに必要な量のカリカリをつまみ、眠いときにはひたすら寝て、甘えたいときには飼い主の都合なんぞお構いなしで膝《ひざ》に飛び乗り、うにゃあんうにゃあんと声をあげながら体をすりつけるくせに、こちらが手を伸ばすと、必殺ネコパンチを喰《く》らわせて逃げる。

いまは抱っこなどされては困るのです、と言わんばかりに高い棚の上に避難したら、さっき触れられた部分の毛をぺろぺろと舌できれいにつくろっている。

決して無理をしないからなのか、いつも目を細めて悠々《ゆうゆう》としています。

こんな生き方ができれば苦労しないよなあ、と半ばあきれつつも、あこがれを抱かずにはいられない、それが猫の魅力でしょう。


いまから十五年ほど前のことです。わたしは当時片想いをしていた男性にふられてしまいました。

家でめそめそ泣いていると、そのころ家にいた猫の「たびお」がそばに寄ってきました。目の前にちょこん、と座り、じっとわたしを見つめています。

まあなんとかわいらしい。

失恋して泣いている飼い主を心配したのかい、おおよしよし、と抱き寄せようと手を伸ばした瞬間、たびおはまるまると太ったその両手で、わたしの顔を思いっきり叩《たた》いたのです。

のんびり屋さんで、めったに人には手を上げない子でしたが、そのときばかりはとても怖い顔をしてみせました。

ただ単に、ふいに触られたことが嫌だったのかもしれませんが、わたしの目には「しっかりせい」と叱《しか》ってくれたかのように映りました。

その強烈《きょうれつ》なネコパンチが引き金となり、わたしはさらに泣きました。

猫に叩かれて痛いから泣いているのか、ふられたことが悲しいから泣いているのか。なんだかよくわからなくなってきて、うわーんうわーんと声を張りあげたのです。

たびおは、やれやれ、というような顔つきで、どすん、と、その場に寝転び、ぐーんとのびをした後に大あくび。そしてすやすやと寝てしまったのでした。

わたしの涙なんておかまいなし、なのですが、声をあげて泣いているのに放ってはおけないと、少しでも思ってくれたのでしょうか。

目の前で眠るたびおは、少しの苦悩も感じさせません。なんという安らかな顔。片やわたしはというと、眉間《みけん》にしわを寄せ、頬《ほお》は涙でぐしゃぐしゃになっていました。

ふと、そんな自分がたびおに比べて、とても愚《おろ》かな生き物のような気がしました。

ちなみに、わたしをふった男性というのは犬好きで、猫には表情がないから好きではない、と言ってはばかりませんでした。

猫ってうれしくても笑ったりしないでしょ、だから嫌い。

平然と言ってのけた彼の横顔を思い出すと、鈍《にぶ》い怒りのようなものがもやもやと胸のあたりに湧《わ》き上がってきます。

なにが猫には表情がない、だ。たびおを見よ。深い幸福感をたたえたおだやかさは笑顔を超越し、これぞまさに生きた仏さまではないか。

何も知らないくせに。ばかやろう。

――いや、この失恋は必然だったのだ。これで、よかったんやな。

あきらめが心いっぱいに広がったとき、止まったはずの涙がじわりとにじんで、ぽろぽろと頬をつたいました。

わがままな人間同士、肩を寄せ合ってこの世に暮らしていれば、思いどおりにいかないことがあるのは当たり前です。涙も出るし、腹も立つ。なかなかあきらめきれないこともあるし、それならばなんとかしてやろうじゃないか、と必死でもがくわけです。

でも、ほんとうはわたしたちだって猫と同じで、与えられたいのちを生かされているにすぎないのです。

ごちゃごちゃと何かを考えても仕方がなく、目の前にあることをそのままに受け止め、生きる。生きる。ただ生きる。それ以上でもそれ以下でもないいのちです。

それならば猫のように決して無理をせず、悠然《ゆうぜん》と過ごしたいものだけど。

猫好きで有名な板橋興宗禅師《いたばしこうしゅうぜんじ》（曹洞宗《そうとうしゅう》元管長・御誕生寺《ごたんじょうじ》住職）が、その筆でこんな言葉を記《しる》しておられます。

猫は　悩まない

まさにおっしゃるとおり。

未熟なわたしもこれから猫を生涯の師と仰ぎつつ、さらなる修行を積まなくては、と決意を新たにしたのでありました。

にじんで赤く

あなたの病名は、子宮体《しきゅうたい》がんです。

卵巣《らんそう》と子宮をぜんぶ摘出《てきしゅつ》しないと、いのちの保証はできません。

まるで何かに急《せ》かされているように怖い顔をしたお医者さんは、わたしにそう告げました。

それはいまから八年前の冬のことです。わたしはがんを発症してしまったため、できるだけ早く入院して手術を受けないと、いのちは助からない、と、はっきり宣告されました。当時の年齢は三十歳。独身で、子どもはいませんでした。それなのに、がんは子宮の奥にできていたので、治療のために子宮と卵巣を取るよりほかに、助かる道はないというのです。

たとえ手術がうまくいって元気になれたとしても、わたしは女性としてたいせつな機能を失います。子どもは産めなくなるし、そんな体では結婚もむずかしくなることくらいは、容易に想像できました。

当時、結婚したい相手がいたとか、子どもがほしいと願っていたとか、そういう状況ではありませんでしたが、それでも子宮を失くすなんて考えられないことでした。

でも、抵抗したところで、摘出を拒否した先に待っているのは、近い将来にかならず訪れる、がんによる死。わたしに選択の余地などありません。

怯《おび》えとともに体の奥のほうから湧き上がってきたのは、まだ死にたくない、生きていたい、という叫《さけ》びにも似た本能でした。

迷いながらも、ぜんぶ摘出して助かるのなら、と、わたしは手術を決断しました。独身で子どもがいないまま、子宮と卵巣ふたつを失ったのです。

がんの発見は早く、手術はとてもうまくいったので、術後の経過は良好。二年ほど経ったころには、まるで夢の中の出来事だったように、体はすっかり元気になりました。

でも――。

わたしのなかのどこかに、ぽっかりと穴があいたような気がしました。

さみしさの風が通り抜けるたび、

からんからん、と乾いた音を立てて、
心が揺れるのです。

三十歳前後といえば、それまで独身だった友人たちも、そろそろ相手を見つけて結婚していく年ごろです。その後は次々と子どもが生まれて、いつのまにか周囲の友人知人の多くは、みんなパパやママになりました。

きれいなウエディングドレス姿の写真や、まるまるとふくよかなほっぺをした赤ちゃんの写真が年賀状に貼りつけられ、ご報告、ご挨拶《あいさつ》といっては、わたしのもとにも届きます。

それらを手にすると、いつも心が、ずん、と重くなり、素直に祝福できない自分がいることに気づきました。

みんなとってもしあわせそうなのに、どうしてわたしは、わたしだけは、病気になってしまったんだろう。

ひとりぼっちで取り残されたような気がして、ときにはため息を大きくついてみました。またときには、おふとんに顔をうずめて泣きました。またときには、近くにいる人に八つ当たりをしてみました。

でも、何をやっても、失ったものは戻らないことくらい、わかっていました。

自分がとても恵まれた状況にあり、尊いいのちを生かされていることも。

そんなとき、ある看護学校でがん体験を話してほしいという依頼が届きました。将来は看護師になるという志《こころざし》を持った学生さんたちが相手ですので、自分が入院していた当時、お世話になった方々への想いなどを交えながら、歌とともにがんの体験談を伝えました。

みなさん、とても熱心に耳を傾けてくださり、時折涙をぬぐう学生さんの姿もありました。そのなかでも、人一倍泣いているように見受けられたのは、ある女性の先生でした。先生の年齢は、五十代前半くらいだと思います。長年医療現場でお勤めになった後、後進の指導をされるようになったベテラン看護師さんです。講演終了後、お話をする機会に恵まれました。

自分の気持ちと重なり合って、涙が止まりませんでした、と前置きしてから先生が話してくださったのは、娘さんのことでした。

先生は結婚してから十年、子どもがほしいと願いながらも妊娠しませんでした。あるとき、どうも体調がおかしい、ということになり診察を受けたところ、子宮と卵巣に異常が見つかり、両方を摘出することになってしまったとのこと。

それは、深く愛し合う夫婦が、子どもを持つことをあきらめなければならない、とてもつらい選択だったそうです。

でも、失ってしまったものは仕方がない、と前向きに受け止め、先生は体調が回復したあと、ご主人と話し合った末、里親になることを決意されます。そこでひとりの幼い女の子と出会い、数年後には養子縁組を結ばれました。

出会ったころはまだことばもおぼつかなかった少女も、いまでは高校生になり、家族みんなで仲よく暮らしているとのことでした。

わたしは、そのような親子の形があることを、目の前ではっきりと告げられたのは初めてのことでした。苦しみを越えた先で育《はぐく》まれた愛情に触れ、驚きとともに深い感銘《かんめい》を受けました。

がんの手術を受けてからしばらくのあいだ、わたしはよく、自分だけがつらい想いをしているような錯覚にとらわれていました。周囲の人がやけにしあわせそうに見えて、誰にもわたしの苦しみはわからないだろうと、いまいましく思ったものです。

でも、それは間違いだったような気がします。

誰もがみんな、限りあるいのちを生きていて、それはとても弱く、はかないものです。永遠に若く元気で生きつづけることはできないし、それは同時に、いつ誰がどんな病《やまい》と出会うかわからないことを意味しています。

つまり、病に苦しんでいるのは、わたしひとりであるはずがない、ということ。少し考えればわかるであろう、そんな当たり前のことにも気づけないほどに、肉体的な苦痛は人の心から余裕を失くしてしまうものなのかもしれません。

病気とひとくちに言っても、ひとりひとりの痛みを比べることはできません。たとえ同じような病に侵されたとしても、取り巻く環境も異なるし、それによって、感じる想いも、起こす行動も、違ってくるでしょう。

どう向き合うのが正しいのか、その答えはなく、縁あって与えられた道をただ歩いてゆくよりほかはないのだろうと思います。

確かなことはひとつ。誰も他人の病気を肩代わりできないということです。

苦しいから誰かに押しつけようと思ったところで、病を人に移すことはできないし、また逆に誰かの痛みを代わって受けたいと願っても、それは不可能です。

薄い皮膚《ひふ》ひとつに隔《へだ》てられ、わたしたちはひとりぼっちのいのちをいただいています。

だからこそ、
孤独ないのちといのちは、
互いを支えるために求め合うのかもしれません。

奈良県桜井市《さくらいし》にある長谷寺《はせでら》で、ある光景を目にしました。

長谷寺は、飛鳥時代に創建されたと伝えられている大きなお寺で、現在は真言宗豊山派《ぶざんは》の総本山です。日本有数の観音霊場《かんのんれいじょう》として全国から参拝者が訪れるほか、境内《けいだい》の花の美しさでも有名な観光名所になっています。わたしの自宅からこの長谷寺までは、車で三十分くらいなので、休みの日に友人とドライブがてらお参りにいきました。

大きな山門《さんもん》をくぐると、本堂までは長い長い屋根つきの登廊《のぼりろう》で結ばれています。伽藍《がらん》は初瀬山《はつせやま》の裾野《すその》から中腹にかけた斜面に建てられているため、廊下は階段状になっているのが特徴。なんと三百九十九段もあるのだそうです。

本堂に向かって歩くと、結構な距離の上り坂に、息が上がってきます。

時折休んでようやく本堂に着いたら、まずはお参り。その後、ぐるりと周辺を散策していると、お地蔵さまのお堂を見つけました。

大きなお地蔵さんのまわりには、参拝者が寄進《きしん》したのでしょうか、小さなお地蔵さんがたくさん置かれています。みんな目を細めて、にっこりした顔で手を合わせています。それはとてもかわいらしく、ほほ笑ましいものでした。

でも、なんだかその周辺だけが、やけに静かなのです。空気の流れさえも、しんと冷えているような気がしました。

地蔵菩薩《ぼさつ》は、子どもを助ける仏さまだといわれています。

昔の日本には、親より先に死んでしまった子どもは、親不孝をしたとして冥土《めいど》（死後の世界）へつづく川を渡ることができないという悲しい言い伝えがありました。

親の供養《くよう》のために子どもは河原で石を積むのですが、地獄《じごく》の鬼がやってきて、せっかく積んだ石をこわしてしまう。そのため、成仏《じょうぶつ》できません。

そこへ助けにくるのが、お地蔵さんです。子どもたちをそのふところに抱きかかえて、仏さまの国へ連れていってくださるのだと伝えられています。

その伝説があらわしているように、お地蔵さんは弱い者の味方として、古くからわたしたち民衆に親しまれてきました。

物語を思い出しながら、目の前にあるたくさんの石像をぼんやり見ていると、それらの多くが毛糸の赤い帽子、もしくは前かけを身に着けていることに気づきました。近づいてよく見ると、なかには手編みのものも交じっていました。つるつる頭が寒くないように、という深いやさしさがひしひし伝わってきます。

そこでわたしははっとしました。

――親よりも先に死んだ子どもを救う

もしかしたらこのお地蔵さんは、子どもを亡くしたお父さんお母さんが祀《まつ》って帰ったものなのではないか、と思ったからです。なかにはいろいろな事情で、この世に生まれくることができなかったいのちを弔《とむら》うためのものもあるのかもしれません。

少し隠れるような場所に、ひっそりと立つお堂。そのまわりには、何十体、いや何百体ものお地蔵さんに姿を変えた多くの悲しみが、お互いを支え合うかのように、寄り添って静かに並んでいました。

子どもを持つことができずに、絶望していたわたしがいて、

親を亡くした子どもを迎えた、子どものいない夫婦がいて、
授かったいのちを、どうしてもあきらめなければならない人がいて、
たいせつなわが子を、失った人がいて、
それぞれが悲しみを背負いながら、
生かされている限り、生きている。
祈りのなかで、生きている。

気がつくとわたしの目から、ぼろぼろと涙があふれ、
赤ちゃんによく似た丸いお顔は、じんわりにじんだ赤い光の先に溶けて見えなくなりました。

あたわりもの

かみさま　お願い　僕に少し時間をください
これが　最後になっても

いのち　尽きる　その時まで
ありがとう　ありがとう　ありがとう　伝えたい
ひとりぼっちになった君が　さみしさに押しつぶされないように

苦しいときもあった　生きることは楽じゃないね
それでも　振り返ると
ふたり　ずいぶん　笑ったなあ

ありがとう　ありがとう　ありがとう　伝えたい
ひとりきりで旅立つ僕が　二度と振り返らずに済むように

たぶん　大丈夫　ほんの少しのあいだの　お別れ
光の輪　くぐり抜ければ
なつかしい　あのひとも　きっと待ってる

ありがとう　ありがとう　ありがとう　伝えたい
ひとりきりで旅立つ僕を　君が心配しなくて済むように

つないだ手のぬくもり
君が作る　あたたかいごはん
聴こえる　なつかしい歌
並んで見上げたお月さま

さようなら　さようなら　さようなら
さよなら
忘れないで　たとえ僕が　なにひとつここに残せなくても
ありがとう　ありがとう　ありがとう　ありがとう
君とふたり　重ねた日々は　かみさまからの贈り物

ありがとう

ありがとう
ありがとう
ありがとう。

（やなせなな「ありがとう。」）

「ありがとう。」は、二〇〇八年に書いた歌です。
つくりはじめたきっかけは、友人が三十代という若さでご主人を亡くしたことでした。悲しむ彼女の姿を目《ま》の当たりにしたとき、胸がしめつけられるような心持ちになり、ほんの少しでもいいから歌で寄り添うことができないだろうか、という想いから創作をはじめました。

この歌の主人公は、たいせつな人を残して死んでいかなければならない「僕」であり、友人のご主人がモデルといえます。

作曲をしながらいつも思うことは、作品を世に出すからには、ひとりでも多くの人の共感を得られるとうれしいな、という感覚です。でも、この曲に関しては、そうとも言いきれない複雑なものがありました。なぜなら「共感を得る」相手は、身近な人を失った悲しみを抱えている人や、自身が重い病に侵されている人である可能性が高いことを意味したからです。

実際、苦しい状況に置かれた方々から、この歌への感想をいただくことは少なくありませんでした。

ある夜、一通のメールが届きました。

差出人は、以前コンサートでお世話になったお寺の住職さんです。年齢は五十歳を少し過ぎたくらいでしょうか。見た目もふっくらとして顔色もよく、明るいお人柄で、とても元気な方でした。

ところが、メールに書かれていたのは「突然、末期の肺がんという診断を受けました」という信じられない一文だったのです。

肺炎にかかって入院したところ、がんが見つかり、検査の結果ではもうすでに転移が見られる状態とのこと。どうやら主治医の先生からは、〝余命宣告〟を言い渡されたようでした。

絶対にもう一度、ななさんに会って歌を聞きたい。

今、「ありがとう。」を聞いて涙が止まりません。となりで寝ている妻に、こころから伝えたい言葉です。

有難う、ありがとう

何と返してよいかわからないながらも、その気持ちに応《こた》えたくて、近々のコンサート予定を返信。もしよろしければ、ぜひお越しくださいと、強い願いをこめてメールを送りました。

すると数日後、病状の詳細とともに、都合が合えばコンサートに行きたいという返事が届きました。


わたしは負けません。

告知を受けて苦しんでいるときに、不思議とあなたの歌が聞こえてきて、涙が知らずにあふれていました。

今は、前を向いて、できることからはじめようと思っています。がん細胞がすみにくくなって出ていってくれるよう頑張ります。

そこからメールのやりとりがはじまりました。

和尚《おしょう》さんの心は、不安と希望のあいだを行ったり来たりしているようで、わたしは短い文章から伝わる、その振り子のようないのちの響きに、ただ黙《だま》って耳を傾けることしかできません。

ときには「心が折れそうです」という弱気なことばが届きました。適切な治療法がなかなか見つからない焦《あせ》りと、広がる病への絶望。

しかしまたあるときには「がんと友だちになります」という前向きな気持ちや決意が綴《つづ》られていて、そんな和尚さんの力強いことばに励まされ、つい自分の弱音を吐《は》いてしまったこともありました。日々の暮らしのなかの、とても些《さ》細《さい》な悩みを。

それに対して返ってきたのは「今あるご縁に感謝して生きましょう」という励ましでした。

——この病気になったおかげで、小さいことは、どうでもよくなりました。

今自分が正しいと信じることを堂々と胸はってやりましょう。

びょうきになったおかげ、と、わたしは声に出してつぶやいてみました。

わたし自身、がんの宣告を受けたことがあります。去来したものは、他人とはなかなか分かち合えないであろう憤《いきどお》り、どこにもぶつけることのできない怒り、出口の見えない絶望、得体《えたい》の知れない恐怖。いのちの終わりへの不安を抱えたまま「病気のおかげ」だなんて、そう簡単には言えません。

しかし、和尚さんのふるさとである北陸あたりの方言には「あたわりもの」ということばがあるそうです。運命、めぐりあわせ、そんな意味を持っていると聞きました。

どんなつらくきびしい状況もあたわりもんなんだから、と。

その音《おん》を耳にしたとき、わたしの頭に浮かんだのは、「与えられ」「賜《たまわ》ったもの」というふたつの語句でした。

苦しみといえども与えられたものであると受け止めると、限りあるいのちの輝きに、初めてほんとうに気づくことができるのかもしれません。

以前、縁あってホスピスでコンサートをさせていただいたことがありました。

ホスピスといえば、なかなか治らない重い病を抱えた患者さんが入院している施設です。

そこでの治療はしばしば「終末医療」ということばで表現されますが、実際に訪ねてみて思うのは、いま・ここにある自分のいのちを「もうすぐ終わるものだ」と受け止めるなんて決してできないということでした。

スタッフのみなさんはそのことを痛感していて、目の前にある毎日をいかに安らかに過ごせるかということに重点を置きながら、生きるための治療に全力を注いでいると話しておられました。

それを「終末」に向かうための医療とは呼びたくない、とわたしは思います。

一日でも、一時間でも、一分でも、一秒でもいいから、生きていたい。

元気になりたい。おいしいものを食べたい。おもしろい本を読みたい。素敵な音楽を聴きたい。美しい風景を見たい。家に帰りたい。

たいせつな人の隣で、笑っていたい。

離れたくない。

別れたくない。

あきらめたくない。

たとえこの肉体が、どんなに弱ってしまったとしても。

実際にホスピスでのコンサートが終わった後に、

「ありがとう」

とつぶやいたきり、わたしの手を強く握ったまま離さなかった人がありました。

その手の力を、わたしはこの先も生きている限り、ずっと忘れることはないでしょう。

その後、和尚さんは、というと、消えることのないがんとともに、いまも力強く生きておられます。

〝余命〟宣告の日を過ぎておよそ半年、最近届いたメールは、こんな一文で締めくくられていました。

今月で医師の言う命の期限を迎えます。

しかし、元気で生かされております。

感謝しかありません。

✲「如実知見《にょじつちけん》」〜あるがままを受け止める

「如実」とはあるがまま、

「知見」とはすべての現象や道理を見きわめる洞察力《どうさつりょく》、
を意味します。

ふたつを合わせて、ありのままの現実を見つめ、正しく知ることをあらわします。

お釈迦《しゃか》さまが悟《さと》りを開いた後、最初に説《と》いたとされる教えに「四諦八正道《したいはっしょうどう》」があります。

四諦の「諦」とは「あきらめる」と読み、現代では後ろ髪を引かれながらも想いを断つ、といった消極的なイメージを抱いてしまいますが、そもそもは「あきらかにする」という意味から、「真理」のことを指しています。つまり「四諦」とは、四つの真理。

①苦諦《くたい》……生きることは苦であること〔病状〕
②集諦《じったい》……苦しみの原因は本能的な強い執着《しゅうじゃく》、欲望（渇愛《かつあい》）であること〔病気の原因〕
③滅諦《めったい》……苦しみが滅した境地のこと〔病気の回復〕
④道諦《どうたい》……苦しみを滅するための道があること〔回復に至る治療法〕

〔　〕内は病にたとえたもので、置き換えて考えるととてもわかりやすいと思います。

しかし「生きることは苦である」なんて言いきられてしまったら、そんなことはないよ、と反発する声も聞こえてきそうですね。

ただ、ここでいう「苦」は、わたしたちがぱっと思い浮かべる事柄よりも、もっと根本的なことを意味しています。

それらは八つあるとされ、

「生まれる苦しみ（生苦《しょうく》）」
「老いる苦しみ（老苦《ろうく》）」
「病気になる苦しみ（病苦《びょうく》）」
「死ぬ苦しみ（死苦《しく》）」
「愛する者と別れ離れる苦しみ（愛別離苦《あいべつりく》）」
「怨み憎む者と会う苦しみ（怨憎会苦《おんぞうえく》）」
「求めるものが得られない苦しみ（求不得苦《ぐふとくく》）」
「心身が活動しているだけで生じる苦しみ（五取蘊苦《ごしゅうんく》・五蘊盛苦《ごうんじょうく》）」

の「八苦」を指します。「四苦八苦」ということばがありますが、「四苦」は前半の四つのこと、「八苦」はそれに後半の四つを合わせたものです。
自分の人生を振り返ってじっくり考えてみると、おそらく誰もがこの「四苦八苦」をなんらかの形で経験したことがあるのではないでしょうか。

では、それらの苦しみをなくすにはどうすればよいのか。その方法が「八正道」です。

①正見《しょうけん》（正しい見解）
②正思惟《しょうしゆい》（正しい考え）
③正語《しょうご》（正しい言葉）
④正業《しょうぎょう》（正しい行い）
⑤正命《しょうみょう》（正しい生活）
⑥正精進《しょうしょうじん》（正しい努力）
⑦正念《しょうねん》（正しい志向）
⑧正定《しょうじょう》（正しい精神統一）

八つのなかで一番に示されている「正見」が根本とされ、偏《かたよ》った見方をせず、物事の真相をありのままに正しく見ることをあらわしています。

これはとてもむずかしいことです。「わたし」というフィルターを通して、自己中心的な考えから決して逃れられないわたしたちには、まず不可能なことだといえるでしょう。

しかし、生きるうえでの目じるしにすることはできるはずです。

こんなつらいことは認めたくない、と、もがけばもがくほど、そんな自分の気持ちに追い詰められ、さらに悩みが増えた経験はありませんか。

嫌なことを避けて通ろうとして、神さま仏さまにどうかこの苦しみを消してくださいと祈っても、現実は何も変わらないことに気づいて、怒りや憤《いきどお》りを感じたことはありませんか。

お釈迦さまはそのような逃避をやめて、目の前の現実を直視したうえで、苦と向き合って生きることを勧められました。

あるがままのいまを受け止めようと努めることがたいせつです。とはいっても、苦しいとき悲しいとき悩んでいるときには、心はざわざわと騒ぐでしょう。

でも、それさえも、そのままに。

どうすることもできないのだ、と知ったときに、初めて苦しみとともに歩む道が開けます。

四　支えあう

まけないタオル

二〇一一年二月某日。

帰り際はいつものように、みんなに手を振りました。

またね、ありがとね。

今度は秋ごろに会えるといいな――。


宮城県白石市《しろいしし》にある「カフェ・ミルトン」は、二〇〇四年以降何度もライブを開いているなじみのお店です。五十人も入れば満員になるカフェは、いつも音楽を愛する心あたたかな人々が集《つど》います。

その日のやなせななライブも、遠く山形や福島からも駆けつけてくれた常連のお客さんを中心に、ずいぶん盛り上がりました。

ライブの後は、マスターの手料理を囲んでの打ち上げです。

宮城県は酒どころ。おいしい日本酒を片手に語り合っていると、日付を越して、ときには明け方近くまで飲んでしまうのが常でした。

そろそろ帰ろうか。

時計の針が深夜二時を回ったころ、わたしは立ちあがりました。店の扉を開けると、酔っ払ってほてった頬《ほお》には、外の風はまだまだ冷たかったことを覚えています。

タクシーに乗り込むわたしに、ママはありがとね、と言いながら握手をしてくれました。そのとき、ふいに涙が出ました。悲しいことなど、何もないのに。名残惜《なごりお》しくてさみしくて、なんとも言えない気持ちが湧《わ》き上がってきたのです。

いま思い返すと、それが「予感」だったのかもしれません。

またね、と、手を振ってからわずか二週間後の、

二〇一一年三月一一日午後二時四十六分。

大きな地震が、東日本を襲《おそ》いました。

奈良県の自宅でつけたテレビのなかに映っていた光景は、ほんとうにいま起きているこ

となのか、と、にわかには信じられないものばかりでした。

すさまじい揺れと、津波、火事、そして福島県の原子力発電所の事故。被害の出た地域の地名が、慌《あわ》ただしい雰囲気のニュースのなかで、くりかえし報じられます。

そこには、かつて自分がコンサートのために訪れた町の名前がありました。カフェ・ミルトンのある白石市も、例外ではありません。震度六弱を観測したとのこと。

テレビを見ているうちに、体がガタガタと震《ふる》えてきました。


みんな、どうしているんだろう。

ママは？　マスターは？　音響さんは？　こないだいっしょに飲んだお客さんたちは？　わたしを応援してくれた保育園の先生たちは？　海辺の町に住むやさしい和尚《おしょう》さんは？　がんばれよう、と握手をしてくれたおじいちゃんは？　手づくりのお菓子をふるまってくれたおばあちゃんは？　息子を抱きしめながらコンサートを聴いてくれた若いお母さんは？　会えばくだらない冗談《じょうだん》ばかりのＣＤ屋のおじさんは？　素敵な写真を撮ってくれた地元のカメラマンさんは？

――たくさんの顔が浮かんでは消えて、気がつくとわたしは泣いていました。

落ち着かなくなって本堂へ向かい、問いかけます。

神さま、仏さま。なぜこのようなむごいことが起きてしまったのでしょうか。

どうか、どうか、みなさんが無事でありますように。どうか、どうか……。

手を合わせずにはいられませんでしたが、同時に、何も応《こた》えてはくれない仏像を前にして、こんなところで祈っていても意味がないだろうという絶望感と焦《あせ》りが胸いっぱいに広がっていきます。

わたしに、いったい何ができるというのだろう。


耐えきれなくなり、手を合わせることはやめて、すがるような気持ちを抱えながら、尊敬するひとりのお坊さんに電話をかけました。

先生、神も仏もありませんよね、と思わずため息をついたわたしに、

「やなせさん、いま、神も仏もない、とおっしゃったそのことばのなかに、もうすでに神さまも仏さまもいらっしゃるじゃないですか」

先生は、そうやさしく答えられました。

「わたしたちが、自分以外の誰かを想う気持ちは、たしかにとても小さなものです。でも、それは仏さまからのはたらきなんだと思いますよ」

落ち着いて、時期を待ちましょう。

いつかきっと、いま会いたいと思っている人たちに、会えるときがきますよ。


電話を切って考えました。

わが身のことしか考えられない、愚《おろ》かで無力なわたしの心の中にも、たしかに芽生えた祈り。誰かの苦しみを想って生じた痛み。

先生がおっしゃるように、もしかしたらそれこそが、いまここに、仏さまがはたらいているという証《あか》しなのかもしれない。

そう思うと力が湧いてきて、まずはできることをしなくてはと思い立ったわたしは、コンサート会場で募金の呼びかけをはじめました。

一方で、テレビだけではなくインターネットに上がってくる被災地の情報、たとえば知り合いのブログやツイッターといった生《なま》の声を毎日チェックし、何か自分にできることはないかを探りました。


そんなときです。

現地を知る情報源として頼りにしていた、ひとりの和尚さんのブログに、こんな記事を見つけたのでした。

2011年4月3日

「まけないタオル」を作ってくれる人はいないでしょうか。
いつも思いつきです。でもこの思いつきいいと思うのですが。
それはどういうタオルかというと、普通のタオルより少し短めのタオルです。
普通のタオルの長さが80㎝ぐらいですから、このタオルは50㎝ぐらい。
この長さでは、首にも頭にも巻けません。
だから「まけないタオル」。
デザインは、青い空に白い雲が浮かぶように「まけないぞ！」の文字。
被災地の全ての人に配りたい。誰か（タオル業界）関係者がいたら繋《つな》いでください。

ブログの主は、シャンティ国際ボランティア会副会長で、山形県にある松林寺《しょうりんじ》（曹洞宗）住職の三部《さんべ》義《ぎ》道《どう》さんです。以前、共通の知人に紹介され、松林寺でのコンサート依頼を受けたことから知り合った和尚さんでした。

三部さんは、震災から数日後には宮城県沿岸部を支援と視察に回っておられたので、わたしは日々更新されるブログでの報告から目が離せなくなっていました。

そのなかで見つけた今回の記事。

読んだ瞬間に、心臓がドキドキと音を立てました。

なぜなら、わたしの母方の親戚のなかに、大阪でタオル製造会社を経営しているおじさんがいたからです。


わたしはすぐ三部さんに「タオル業界にあてがあります」とメールで伝え、その返事を待たずに大阪府泉南市《せんなんし》にある親戚のタオル会社へ飛んでいきました。そして、希望したとおりのデザインの「巻けない」タオルをつくる手はずを整えたのです。初刷は一万枚。

とはいえ、無料で製造してもらうことはできないので、発注と同時に各地にタオルをつくるための募金を呼びかけました。

千円以上の募金をしてくださった方にも、お礼に一枚タオルを差し上げますというお約束をしたところ、ありがたいことに賛同者はあっという間に増え、多くの人々のまごころに支えられて、タオルがつくられることになりました。

さらに、タオルの完成を待っているあいだに、三部さんから連絡が入りました。活動を広げるためにテーマソングをつくってはどうかという提案です。

送られてきたメールには、三部さんの知り合いで、宮城県亘理郡山元町《わたりぐんやまもとちょう》で被災した、徳《とく》本寺《ほんじ》・徳泉寺《とくせんじ》（曹洞宗）住職の早坂文明《はやさかぶんめい》さんが書かれた「まけないタオル」というタイトルの歌詞が添付されていました。

「まけないタオル〜東日本大震災復興支縁歌」

まけないぞ　まけないぞ　首にも頭にも
まけないタオル　半端《はんぱ》じゃないぞ

泥にまみれて　明日が見えなくなっても
まけないタオルが　拭《ぬぐ》ってくれる
ほら　笑顔と一緒に明日が来るのさ

まけないぞ　まけないぞ　夕陽にまけない
紅い血潮が　流れている限り

涙で曇り　あなたが見えなくなっても
まけないタオルが　拭ってくれる
ほら　想い出探しあなたを忘れない

まけないぞ　まけないぞ　風にもまけない
愛の息吹が　漲《みなぎ》っている限り

まけないぞ　まけないぞ　首にも頭にも
まけないタオル　半端じゃないぞ

うつむかないで　みんなで希望の雲つかむ
まけないタオルを　空に投げ上げて
ほら　拍手が響く新しい舞台に

まけないぞ　まけないぞ　大樹にまけない

根っこのこころ　揺るぎはしないから
まけないぞ　まけないぞ　首にも頭にも
まけないタオル　半端じゃないぞ

まけないぞ　まけないぞ
まけないぞ　まけないぞ
まけないぞ　まけないぞ
まけないぞ　まけないぞ

歌詞を読みながら、わたしはたくさんの人の顔をふたたび想い出しました。宮城で、福島で、岩手で……歌いにいった先々で、応援してくれた人たちの笑顔を。

鳴かず飛ばずの売れないシンガーソングライターであるわたしの歌にじっと耳を傾け、拍手を送り、これからも楽しみに待っていると言ってくれた人たち。

その出会いがなかったら、わたしは歌とともに生きる道をあきらめていたかもしれない。

支えてもらったご恩を、この歌で返すことができたなら。

この歌を届けるために、会いにいけたなら。


わたしは机に向かいました。

曲をつくるのは決して早いほうではないわたしは、いつもなら一曲仕上げるのに何ヵ月もかかることがほとんどなのですが、このときばかりは何かが背中を押してくれたようで、六時間という自己最短記録で完成しました。

みんなが口ずさんでくれるようにと心をこめてつくった、はずむような明るいメロディの歌です。


こうして、でき上がったタオルとともに歌を届ける、長い旅がはじまりました。縁ある被災地を順番に回る一方で、被災していない地域でのコンサートでは、ひたすらタオル募金をお願いするという、期限のないコンサートツアーです。

「首にも、頭にも、〝巻けない〟タオルは、どんな苦しいことにも決して〝負けない〟魔法のタオルなのです」

首と頭に巻くしぐさをしながら、少しおどけた口調で説明すると、客席に笑顔が生まれます。

くすくす。あはは。

なあんだ、ダジャレなの。

その表情を見たくて、くる日もくる日もタオルを配りつづけました。

もちろん、会いたくてたまらなかった、宮城県白石市のカフェ・ミルトンに集うみんなにも、震災から三ヵ月後に、タオルと歌を届けにいくことができました。

コンサート会場で「まけないタオル」を唄うと、会場はいつも拍手と笑顔に包まれます。

被災した地域から遠く離れたある場所でのコンサートの終演後、「歌を聴いて、どんなに離れていても、心はつながっているような気がした」と話してくださった人があり、わたしは確信しました。

誰かが誰かを想う気持ちは、通じ合うものであると。

たった一本のタオル。

しかも長さは五〇センチと中途半端で、おせじにも使い勝手がよいとはいえません。こんなもので、実際に誰かの苦しみを救うことができるのかと問われたら、残念ながら何もできないと答えるしかないでしょう。

でも。

このタオルにこめられた願いは、決して半端なものではありませんでした。

「まけない！」と力強く書かれた文字は青地に白抜きで、雲をイメージしたデザイン。この空はつながっているのだから、苦しみも悲しみもともに分かち合っていきたいという想いを表現しています。

そして、笑える状況ではないと重々わかったうえで、五〇センチという「巻きにくい長さ」で「負けない心」をあらわしました。

ほんのちょっとでもいいから、笑ってほしい。

それは祈りにも似た、和尚さん渾身《こんしん》のダジャレだったのです。


誰もがみんな、他人では代わることのできない苦しみや悲しみを背負ってそれぞれの毎日を生きています。そのなかで孤独を感じる場面は、いくつもいくつもあるでしょう。

そんなとき、支え合う心をつなぐシンボルとしてタオルを手にすることで、どんなに絶望していても、生かされている限り生きてみようと思うきっかけを得られるかもしれないのです。
また、自分はひとりぼっちではないのだと実感する瞬間を、誰かと共有できるかもしれません。実際にわたし自身も、まけないぞ、と唄いながら、幾度となく元気づけられていました。

どう考えても
ひとは、ひとりぼっちで生きるよりほかないのに
なぜ
誰かの痛みに泣き
誰かの笑顔に喜びを見出すのか
なんと不思議な尊さよ

これが「仏性《ぶっしょう》」と呼ばれるものなのかもしれないと、タオルを通じて知らされました。つながり合い、大きくなり、困難にも立ち向かえるほどの大きな力になる。仏さまと名づけられたものの正体が、そこにあるような気がしました。

タオルは募金協力者にもプレゼントされるという点が喜ばれ、配布開始から三年で八万余枚という数が、全国各地に暮らす誰かの手のなかに旅立っていきました。

帰ってきた仏さま

「まけないタオル」のプレゼントという形での震災支援をはじめた際、活動を広げるために歌をつくってみてはどうかと提案して歌詞を書いてくださった早坂文明さんは、宮城県亘理郡山元町にある、徳本寺・徳泉寺という二つの禅寺のご住職です。

内陸にあった徳本寺は無事でしたが、海岸から三百メートルの場所にあった徳泉寺は、お寺の周辺すべてが大津波に襲われ、町もろともに、伽藍《がらん》もご本尊も、何もかもが流されてしまいました。

尊いいのちを失った檀家《だんか》さんは、両寺院あわせて二百名以上。早坂さんは、震災直後から、悲しみに暮れるご遺族のために、毎日遺体安置所での読経《どきょう》をつづけられました。

禅の修行を積んだベテランの和尚さんだからといって、その心の中は恐怖と絶望でいっぱいだったことでしょう。

それでも、ご自身の不安や嘆《なげ》きをいったん脇に置くかのように、落ち込む様子など微塵《みじん》も見せず、いつもおだやかな表情を絶やすことがない和尚さんは、亡くなった人々を仏さまの世界へ送り出す役目を必死で果たそうとされたのでした。


そんな早坂さんのもとに、流されてしまったはずの仏像が奇跡的に戻ってきたのは、震災から二十三日経った四月三日のことです。

徳泉寺のご本尊は、数キロ離れた田んぼの中に流れ着いていたところを発見され、檀家さんの手によって徳本寺に運ばれました。

泥《どろ》をかぶり、傷つきながらも戻ってきたその姿を見たとき、早坂さんは思いました。

この仏さまはわたしたちを救うために、身ひとつになってでもふるさとに帰ってきてくださったのではないだろうか、と。そう考えると胸に熱いものがこみ上げ、流されたお寺を復興する決意を新たにされたのだそうです。

仏さまは「一心本尊」と名づけられました。苦しむ人々の支えになろうとする一心で故郷に踏みとどまったご本尊であるという意味と、心を一つに寄せ合える場所を取り戻したいという願いを持っています。

また、わたしたちひとりひとりの心から、復興への第一歩がはじまるのだという意味も含まれているとのことでした。

仏像は、人の手によってつくられたものです。光を放ったり、動いたり、ことばを発するといった現象を、わたしは実際に目にしたことがありません。ですから、仏像を見た誰かから、こんなものは何の役にも立たないじゃないか、と言われればそれまでです。しかし、そこに救いのはたらきがまったくないのかというと、そうとも言いきれないとわたしは思います。

早坂さんは、戻ってきた仏像を見たとき「ふるさとに帰ってきてくださった仏さまだ」と感じたのだと言われました。しかし、あえて乱暴な表現をすれば、その姿を「偶然流れ着いたただの人形にすぎない」と言ってしまうこともできるわけです。「ただの人形」にいのちを吹き込み、救いを見出したのは、和尚さんの篤《あつ》い信仰心だといえます。

早坂さんは以前、法話のなかで語っておられました。

わたしたちのいのちは、生きていたいと強く願いながらも死んでしまった多くの人々が、生きていたはずの「いま」なのですから、せいいっぱい生きなくてはもったいない、と。

日々の暮らしのなかでは、生きていることが当然のように思えてしまいます。そのために、愚痴《ぐち》や文句が口に出ます。不平や不満もこみ上げてきます。

しかし、いつ、どこで、このいのちの終わりが訪れるのかは誰にもわからない。

不慮の災害の前に犠牲《ぎせい》になった人々を弔《とむら》いながら、早坂さんは、生かされているこの瞬間が、どれほど尊いものであるのかを痛感し、それを周囲に説《と》かずにはいられなかったのでしょう。想いは、たくさんの人々に伝わりました。

家族や友人知人を失って、行き場のない悲しみを抱えた人がお寺を訪ねたとき、「帰ってきた仏さま」が、静かなほほ笑みを湛《たた》えながら迎えてくださいます。まるで、だいじょうぶだよと語りかけるかのように。

多くの人は、その姿の前で手を合わせ、自分の気持ちを吐《は》き出し、痛みと向き合い、涙を流したかもしれません。目の前の現実がたとえどんなに厳しくても、ほんの短いひととき、心静かに手を合わせることで安らぎを得、それが救いになっているようでした。

「一心本尊」の話は共感を呼び、本堂再建のための写経とお布施《ふせ》が全国から寄せられるようになりました。

なかには、被災地から遠く離れた町に暮らし、ご自身の家族を病気で亡くした人からの寄付もあったと聞いています。そこには、どうかお役に立ててください、と記した手紙が同封されていたそうです。

復興にはまだまだ長い時間がかかりますが、祈る場所を取り戻したいと願う人々の心がつながっていく様子は、ひとりひとりの意思をはるかに超えた、大いなる力のように思えました。

君の痛みの身代わりになれなくても

顔を上げた先に見える仏像に手を合わせるとき、その心の中にこそ、仏さまはたしかに生きているのです。

被災した人にタオルを届け、募金活動をおこなう「まけない！タオルプロジェクト」は、わたしが人生で初めてたずさわったボランティア活動です。

それまで、わたしは自分のことでせいいっぱいなので、誰かのために無償で動くことなど絶対にできない、と思っていました。そのため、街頭募金に協力したことすら、ほとんどありません。

そんな自分は冷たい人間だと、かすかな反省の念が湧くこともありましたが、だからといって行動を起こすにはいたらなかったのです。

しかし、今回はためらいを抱く余地すらありませんでした。

胸が痛んで、何かできることはないかと考えずにはいられなくなり、そんなときに三部義道さんからの「タオルをつくってくれる人はいませんか」という呼びかけに出会いました。

夢中でタオル製造にかかわり、募金を呼びかけ、テーマソングをつくり、でき上がったものを配って歩いたので、気がつくと参加していたと言えます。

ボランティアについて、三部さんはご自身のブログ「なあむ」のなかで、こんな文章を記しておられました。

２０１１年3月26日

ボランティアなどの活動の原動力、エネルギーは、困難な人々を見て何とかしなければならない、何かお手伝いしたい、という人間としての善意、本能に近いものだと思います。

「ボランティア」の語源は、「ボランタス」自発性であるといわれます。もう一つ「ボルケーノ」火山あるいは噴火であるという説もあります。

何かしないではおられない止むに止まれぬ思い、自らの内部から湧き上がってきた自発的な、自主的な行為、それがボランティアの原点です。

ひとの不幸に心を痛め、ひとの喜びに自らの心が喜ぶ、それが人間というものであり、他の動物との違いもそこにあるでしょう。

その心を仏教では「慈悲《じひ》」と呼ぶのだと理解しています。

自らの内側から湧き上がる、本能的なエネルギー。

その表現は、わたしの心の中にすとんと落ちるもので、深くうなずかされました。

実際、まけないタオルを配布する先々での三部さんは、いつも明るく、やさしく、その背中からは、社会を修行の場といただき、慈悲心にしたがって動く和尚さんの強さと尊さを感じました。

同時に三部さんは、その行為が本当に必要とされていることなのかを冷静に判断しようとする「智慧《ちえ》」がたいせつだとも説かれていました。善意の押し売りになっていないか、感謝を要求していないか……つねに自身を省《かえり》みて、謙虚な姿勢を保つべきである、と。それはとてもむずかしいことです。

気をつけなければと心に刻んだつもりでしたが、非常に感情的になっていたわたしにとって、壁はすぐに現れました。被災した人の口から、あなたの歌なんか聞きたくない、と言われたときに、とっさにどうしたらよいのかわからなくなってしまったのです。

それは二〇一二年の二月のことです。大地震発生から一年近くが経ち、わたしは新しい歌を書きました。震災でご家族を亡くされたご遺族のことばや表情を思い返し、泣きながらつくった追悼《ついとう》曲「春の雪」という作品です。

今にも　君が　その扉を開けて

「ただいま」って笑顔で　帰って来るような気がして
見つめる先に広がる　ふるさとの海
あの日と同じように降る　春の雪

いつもと変わらず　テーブルをはさんで
何を食べていたのかさえ　もう忘れてしまった
つけっぱなしのテレビから　流れていたのは
底抜けに明るい　コメディアンの笑い声

ずっと　ずっと　そんな　いとおしい日々が
当たり前のように　続くと思ってた

最後になるって　わかっていたなら
話したいこと　たくさん　たくさんあったのに
見つめる先に　もう　君はいない
あの日とおなじように　春が訪れても

流されて消えた　街の中にたたずみ
どこを歩いて来たのかさえ　もうわからなくなった
やっと見つけた　君の生きていた証《あかし》に
涙は流れなかった　信じたくもなかった

そっと　そっと　手を合わせ見送っても
さよならなんて　言えない
言えないよ

今でも　君に　想いは届くかな
ことばを　からだを　すべてを　失っても
見つめて　わたしを　どんなに遠く離れても
ここで　ひとり　生きているから

今　君が　わたしの心に

「ただいま」って笑顔で　帰って来る
見つめる先に眠る　いくつもの　いのち
おかえり　と　こたえるように降る　春の雪

おかえり　と　こたえるように降る　春の雪

（やなせなな「春の雪」）


「そんな歌、聞きたくねえな」

初めてこの歌を人前で唄ったわたしに、返ってきたことばでした。

あの日、大地震が起きてから、俺は一度も泣いてねえんだよ。心に蓋《ふた》をして、元の生活を少しでも取り返すために、必死で働いているんだぞ。

つぶやいた男性は、歳《とし》のころ四十代半ばくらいでしょうか。

「聞くと、つらくなるだけだ」

そう吐き捨てると、わたしに背中を向けてしまいました。

そこは被災地の、海の近くのスナックでした。ついさっきまで、みんな楽しく酔っ払っていたのに、一瞬で静まり返ってしまった。

わたしはバカだった。なぜこの場で、こんな歌を唄ってしまったんだろう……激しい後《こう》悔《かい》が胸の中に重くのしかかってきました。

すると同席していたひとりの和尚さんが、

「いまは聞いてくれというほうが無理かもしれない。でも、いつかもう少し時間がたったら、必ずこの歌を必要とする人が現れます。きっと」

と、真剣な眼差《まなざ》しで、わたしに耳打ちをしてくれました。

それはとてもありがたいひとことでしたが、それでも、このときの男性の背中を、わたしは忘れることができませんでした。


わたしなんかに、誰を支えられるというのか。

覚悟はしていましたが、被災して家族を亡くされたご遺族の前に立って唄わなければならないときは、しばしば足がすくみました。拍手もまばらで、俯《うつむ》きがちなお客さんの視線は、どこへ注がれているのかわかりません。

はっきりしていることは、目の前にいらっしゃる方々は、被災していないわたしには到底想像することができないような、深い悲しみに遭遇《そうぐう》し、出口の見えない苦悩を背負っておられるのだという、厳しい現実だけです。それがタオルと歌で癒えるはずもありません。「被災地支援コンサート」の舞台に立ちながらの、自問自答がつづきました。

そんな心境で過ごしていた、二〇一三年五月のことです。わたしは岩手県のとある海辺の町のお寺でいとなまれた追悼法要に招かれました。わたしと同年代の青年僧侶の会が主催で、わたしの役割は法要後にコンサートをお届けすることです。

しかし、何を唄えばよいのかわからず、迷い怯《ひる》んでいました。その気持ちを告げると、地元の若い和尚さんたちは言いました。

「やなせさん、『代受苦《だいじゅく》』ですよ」

恥ずかしながら、わたしはこの言葉を知りませんでした。たずねたところ、それが仏さまや菩薩《ぼさつ》さまが、人々の苦しみを代わって受けることを意味しているのだと教えてくれました。

これを実践《じっせん》したい、しなければ、という決意を抱きながらご遺族の前に立っているのだと。

そう言いきった顔を見たとき、わたしの胸にこみ上げてくるものがありました。

なかなかできるものではないことを、彼らもわかっているのです。もしかしたら、自身への無力感で苦しくなる場面もたくさんあるのかもしれません。それでも仏さまに近づくための「行《ぎょう》」だと受け止め、自分で自分の背中を押し、地域の「和尚さん」として被災地の悲しみに向き合っている。

ある人が言いました。地震が起こった数日後、冷たくなった赤ちゃんを抱いた若いお母さんが、お寺に駆け込んでこられた。

「和尚さん、抱いてやってください」と言われたときから、同じ幼い子を持つ親として、わたしの震災復興ははじまりました、と。

語りながら、がっしりとした肩がぶるぶると震えていて、涙なしにうなずくことはできませんでした。

教わった想いを胸に、わたしはコンサートの舞台に立ち、悲しみに触れる追悼曲も、元気になろうと呼びかける復興支援歌も、全力でお届けしました。

すると終演後、多くの方々から思いもよらない声をかけていただいたのです。

ありがとう
がんばります

がんばってね

なかには、震災の年に仮設住宅の前の広場で聴きました、と言ってくださった人もありました。ほら、と携帯電話を開いて見せてくださった画面には、その女性と並んで笑う二年前のわたしの姿が写っていました。

この日から、やなせさんの歌とまけないタオルを支えにしてきたんですから、と言われたときには、わたしの目に悲しみとは別の種類の涙があふれてきました。

「わたしの善意」などというものは、とても頼りないものです。迷い、ためらい、かんたんに驕《おご》り、そしてくじけてしまう。

でも、誰かの苦しみをほんの少しでも分かち合いたいという願いが、自分の意思を超えたところから湧き上がってきたときには、できることをやるしかありません。

遠く遠くに離れていても
ひとりひとりは、こんなに弱くても
たとえ

君の痛みの身代わりになれなくても。

星に願いを

七夕《たなばた》。

日本人に親しまれている夏の風物詩で、中国伝来の行事と日本古来の伝承などが入り混じったものだそうです。

現代の日本では、お盆をひかえた夏休みシーズンに、おもに笹に短冊《たんざく》をつるしてお願いごとをする習慣がありますね。

商店街、ホテルやデパートのロビー、駅など、人が集まる場所には大きな笹が飾られ、かたわらには短冊とペンが置かれている光景はみなさんもよくご覧になっているかと思います。

街なかでふと足を止めて見てみると、そこにはじつにさまざまな願いが記されていることに驚きます。

「家内安全」や「商売繁盛」「良縁祈願」といった、よく神社の絵馬やお寺の護摩木《ごまぎ》などに書かれる、いわば願かけのスタンダードといえるものも多数見受けられましたが、目に飛び込んできて、思わず笑ってしまったのは、

「頭がよくなりますように」

というもの。あどけなさの残る文字から想像すると、子どもが書いたのでしょうか。短冊に願いを書く前に勉強をがんばりなさい、と、周囲の大人に檄《げき》を飛ばされそうです。

こういった願いは、わたしが幼いころから、クラスにいるお調子者の誰かが決まって書くものだったような。

次にほほ笑ましいのは、もっと幼い子どもが書いたであろう夢の数々です。

「やきゅうせんしゅになれますように」

「ケーキやさんになれますように」

といった、いわゆる「将来は何になりたいか」シリーズは、このほかにもサッカー選手、お寿司屋さん、パン屋さんなどなど、おなじみの仕事が並ぶなか、

「にんじゃになれますように」

といったものも見受けられました。忍者が活躍するテレビ番組か何かを見たのでしょう

か。じつにかわいらしいです。

さらに子どもの文字の願いごとには、「○○がほしい」という願いもたくさんありました。たいていはおもちゃやゲーム、まんがなどの類《たぐい》ですが、なかには、

「うちゅうせんかんがほしい　おおきいの」

というものもありました。「おおきいの」を後でつけ加えて強調しているところに、お目当てのおもちゃへの真剣さを感じて、思わず笑いがこみ上げます。

つづいては、若者だろうなあという風情《ふぜい》の文字。

成績の向上、コンテストの入賞、楽器やダンスの上達、スポーツの大会での優勝、就職の内定希望など、現実を踏まえた前向きなものがたくさん見受けられ、力強い筆致で書かれているのを見ると、こちらもすがすがしい気持ちになります。

そんななか、

「留年せんよーに」

という一文がありました。願いごとの下には、ひらがなで男性らしきニックネームが☆のマークとともに書かれてあります。さらさらと書いたであろう、やや雑な印象を受ける

文字からは、さほど切実な気持ちが伝わってきません。

それが逆にとても現実的で、油断をしているとあぶないよ、と声をかけたくなるのでありました。かつてのわたしが、高校も大学も、みごと留年してしまったように……とほほ。


次に気になったのは、心にずっしり迫ってくる大人の願いごとです。

非常に達筆で、

「再就職」

裏面には、

「仕事を失ったため、ホームレスになった」

と書かれたものを目にしたとき、真偽《しんぎ》のほどはわからないものの、あまりの重みにことばが見つかりませんでした。


「愛が欲しい」

こちらも、達筆でした。


「選挙の勝利！！！！！！！！！！！」

こちらも、達筆でした。

感嘆符「！」がとても多くて、がんばってください、と思わず声をかけたくなりますね。

さらに、

「切実に！！！！！！！！！！！！！！！！！！！」

というのもありました。先ほどのつづきでしょうか。主語も述語も目的語もないので、何をどう切実に願っているのかはわかりませんでしたが。

そんな必死のお願いの脇で、風にひらひらと揺れていた短冊には、

「いつもお世話になってます」

とひとこと書かれていました。伝言板ではありませんよ、とツッコミつつも、笑えます。

こうした想いはどこへゆくのでしょう。

願いの行方《ゆくえ》はさておき、ほんの一行程度の短いことばのなかにも、人生いろいろ悲喜こもごも。垣間《かいま》見える人間くささがとても興味深く、また、ほほ笑ましく、時間を忘れて読みふけってしまったのでした。

さて、七夕と同じ時期の行事として、わたしたちにとってなじみ深いのがお盆です。ご先祖さまの霊魂《れいこん》をあの世からお迎えし、しばらくのあいだ滞在してもらったあとに、ふたたび送り出すという風習は、「盂蘭盆経《うらぼんきょう》」に語られる物語を起源とします。

お釈迦《しゃか》さまの十大弟子のひとりで、神通力《じんずうりき》を使うことのできた目連尊者《もくれんそんじゃ》は、あるとき亡くなった母親の様子をうかがうため、死後の世界を見にいきます。すると餓鬼《がき》の世界に落とされ、ひもじさに苦しんでいる姿が見えました。

目連さまが力を使って食べ物を送ってみても、それらはたちまち火に変わり、何も食べることができません。

お母さんは生前、自分や家族だけが飢《う》えなければよいと、食べ物をひとり占めしたことがあったのです。その報《むく》いによって餓鬼道《どう》で苦しんでいたのでした。

目連さまはお釈迦さまに相談しました。すると、悔《く》い改めてお供《そな》えをしなさいと諭《さと》されます。言われたとおりにした結果、お母さんは餓鬼道から天へと昇っていかれたそうです。めでたしめでたし……と、ざっくり説明するとこんな感じでしょうか。

これをただのおとぎ話である、と受け流すことはかんたんです。

実際にわたしたちには神通力などありませんし、餓鬼の世界を見ることもかないません。でも、わたしたちはほんとうに餓鬼道を絵空事だといえるのでしょうか。

自分や、身近な人のしあわせだけを望んでしまうことは、誰しもおぼえのあることです。そんなわたしたちの心の闇《やみ》こそが餓鬼道であり、遠い死後の世界の果てにある場所ではないとわたしは思います。

もちろん、わたしたちは仏さまではありませんから、他者のためにすべてを差し出すことはできないでしょう。しかし、自分を守るばかりではいけないと、気づくことがとても重要だといえます。

お盆は、わたしたちのなかの欲張りな心、煩悩《ぼんのう》と向き合い、ほんとうにこのままでよいのかを問う日であると考えることもできるのではないでしょうか。

商店街で見かけた短冊のなかには、こんなものもありました。

「世界の人がしあわせでありますように」

「○○ちゃんの夢が実現しますように」

「早く被災地が復興しますように」

「戦争がなくなって平和が訪れますように」

あれもほしい、これもほしい。あれもしたい、これもしたい。

たしかに、夢も希望もわたしたちの心の中にはたくさんあるけれど、ときには同じ星の下を生きる誰かのために、願いをかけてみるのもよいかもしれません。

そんなあなたの、わたしの、しあわせは、きっと遠くの誰かが祈ってくれていると信じて。

✲「慈悲《じひ》」〜ちいさなやさしさを積み重ねて

「慈」はサンスクリット語で「maitrī《マイトリー》」と書き、もともと友をあらわす「mitra《ミトラ》」から派生した、友愛という意味を持つことばです。それは特定の人に向けられた友情ではなく、あらゆる者の安らぎを願い、しあわせを与えること（与楽《よらく》）を意味します。

「悲」はサンスクリット語の「karuṇā《カルナー》」で、他者の苦しみを憐《あわ》れみ、それを取り除いて救おうとする心（抜苦《ばっく》）をあらわしています。

二つを合わせると「慈悲」＝「抜苦与楽」。

自分以外の者の苦しみに共感し、それをなくして安らぎを与えるという意味になります。

そもそも仏教は、悟《さと》りを開いたお釈迦さまが、その境地を人々に説いたところからはじまっています。自分ひとりで悟りを味わうだけではなく、周囲に伝えることで、多くの人々の救いを目指すようになったのです。

その結果、お釈迦さまの教えに出会った者は、悟りを求めて自らの修行に取り組むとともに、お釈迦さまが悟りの世界のありようを説いたのと同じように、すべての人の救済に努めました。これを「自利利他《じりりた》」ということばであらわします。

しかし残念ながらわたしたちは、昔のインドでお釈迦さまから直接お話を聞いたわけではないので、悟りの境地がどのようなものか思い描くことはむずかしく、実感をともなって理解することは到底できません。

ですから、悟りの境地を目指そうなどとは考えずに、少しでも心おだやかに過ごすための道しるべとして、慈悲の心を学ぼうとすることがたいせつではないでしょうか。

とはいえ、他者を「慈《いつく》」しむ心と、ともに「悲」しむ心を持つのだよといわれても、自分がいちばん大事なわたしたちには、なかなか実践できそうにありません。

では、ちょっと角度を変えて考えてみましょう。

仮に、自分ひとりのしあわせを願い、守ろうとすると、わたしを取り巻く世界は邪魔者《じゃまもの》だらけになりますね。

しあわせを奪われないように、横取りされないように、壊されないように……つねに戦闘態勢のような、ピリピリした心持ちでいる必要が生じます。

そんな状況が果たして「しあわせ」といえるでしょうか。心を休める暇もなく、すでに苦しいことがわかりますね。

だからといって、他人のために尽くすべきなのだ、と思い詰めるのもまた誤りです。

他人のために時間を使い、体力を消耗《しょうもう》し、持ち物もすべて差し出して、たとえいったんはそれをしあわせだと勘違いしたとしても、いのちある限りその暮らしを継続できますか。

そもそも「苦しみを抜く」ための慈悲の心が、自分の体を痛めつけ、精神を追い詰めて疲弊《ひへい》させるものであるなら、それは本末転倒ではないでしょうか。

まずは自分の心を落ち着かせることがいちばんです。

そのうえで、想い出してみましょう。

自分がつらかったとき、誰かにやさしくされたときのことを。

自分がうれしかったとき、いっしょに喜んでもらったときのことを。


日常生活のなかで遭遇するちいさな喜びやしあわせを、ひとつひとつしっかりと受け止めると、それが慈悲の種《たね》になります。目の前の人、身近な人へ、おすそ分けをするように、やさしい気持ちを持ちましょう。

自分自身に余裕がないときに無理をすることはありません。大げさなことでなくてよいのです。ふと気づいたとき、自然に湧き上がってくるものが必ずあるはずです。

そんなちいさなやさしさの積み重ねが、結果的に自分の人生の大きな救いとなるのです。

五　育まれる

パソコンと古時計

最近のわたしにとって気がかりなことは、現在使っているパソコンが故障してしまわないか、ということです。買ったのは二〇〇九年の終わりで、使いはじめてからきっちり四年が経過しました。いまのところ特に動きが悪いわけではなく、相変わらず調子よく働いてくれているのですが……。

聞いたところによると、パソコンというものはだいたい五年くらいが寿命《じゅみょう》だそうで、ある日突然壊れてしまうこともめずらしくないのだとか。

わたしにとっては非常に使い慣れたパソコンで、仕事においては欠かせないパートナーなので、それは困る、と切実に思います。

そもそもわたしは、これ、いいなあ、と思ったものは、なかなか手放せない性質《たち》です。たとえば靴《くつ》やかばん。気に入ると、何年にもわたって毎日のように使ってしまうので、どんなに丁寧《ていねい》に扱ったとしても、最後にはボロボロになります。使い勝手というか、「わたし」と「もの」とのあいだに生まれるあうんの呼吸というか、そういうものをなかなかほかのものに代用できず、とことん使ってしまうのです。

でも、時の流れには逆らえず、どうしても買い替えざるをえないときには、まったく同じ型の新品をふたたび購入するのでした。いま使っている靴やかばんの中にも、同じ製品の「何代目」はけっこうあります。

ところが、電化製品というのは、困ったもので、そういうわけにはいかないようですね。たとえばわたしのパソコン。まったく同じ型の新品なんて、もうどこにも売っていません。同じメーカーを探してみても、形やボタンのちょっとした配置などが違っています。さらに中のソフトにいたっては、年月を経るごとにどんどん「バージョンアップ」されていくしくみになっています。

そもそも機械オンチのわたしにとっては、苦労して習得したひとつひとつの使い方。ようやく慣れて、いまでは目をつぶっても扱えるわ、うふふ、と思っていたパソコンの仕組みが、このバージョンアップとやらで一気にわからなくなるのには、憤《いきどお》りを感じます。

それならば、買い替えずに修理してもらえばいいではないか、と思ってお願いすると、「修理するにもお金がかかりますので、新しいものをご購入されることをおすすめします」なんてことを、電器屋の店員さんにさらりと言われてしまうのでした。

以前、ＭＤプレーヤーが故障したとき、お金なんぞいくらかかってもかまいません、と宣言し、半ば強引に修理に出してもらいましたが、工場から手元に戻ってきてまもなく、また故障しました。

それでもう一度出しましたが、やっぱり故障。なんで？

結局は泣く泣く買い替えましたが、そのときに、こういう機械はそもそも修理しない前提でつくられているのかもしれないという疑念が湧《わ》きました。

精密機器は日々進化し、古い部品は生産されなくなり、壊れたらもうおしまい。どんなに気に入った製品があっても、一定期間を過ぎれば使えなくなることを理解して、新しいものを買って使うしか選択肢《し》はないのかもしれません。

実際にいまとなっては、もうＭＤプレーヤーを使っている人すらとても少なくなってしまいました。

でも、そんな状況には違和感をおぼえずにいられないのです。あまりにも目まぐるしく変わってゆく流れには、ついていけません。

そもそも「バージョン〝アップ〟」ってなんですか。物事に上、下があるのですか。速ければ速いほどよし、前に進むのがよし、急げや急げ……ってちょっと待ってください。そんなこと、いったい誰が決めたのですか。

ものはたいせつにしましょう、と、子どものころに教わりませんでしたか。修理しながら長く使って、次の世代にも伝えてゆくことができるような、そういう「ものの扱い方」があったはずです。いまもあるはずです。

なぜそれをパソコンに当てはめることができないのでしょうかね。

と、まあ。

こんなことで立ち止まって腹を立てているわたしは、単なる機械オンチのアナログ人間だと笑われても仕方がないのでしょう。ぐだぐだ言ってないで、もっと柔軟に追いついていくほうが賢明。

わかってはいるんだけど、それでもやっぱりこの原稿を打っているパソコンに想いを馳《は》せると、一日でも長くいっしょにいたいと、家族への愛情にも似た気持ちを抱かずにはいられないのでした。

毎日酷使《こくし》しているパソコンさんですが、苦しいことも楽しいことも、ともに越えてきた仲ですから。離れがたいものを感じます。

いま自坊の本堂にある時計は、大正時代に購入したものだと聞いています。決して高級なものではありません。ごく平凡で、シンプルなデザインの掛け時計。本堂ができ上がった当時からずうっとここにあるそうです。

わたしの知らない、おおぜいの人のお参りのそばに寄り添い、時を知らせてきたのでしょうか。いまでもねじを回しつづける限り、狂いを生じることもなく、じつに勤勉に動いてくれます。

すべてのものは移り変わり、同じ姿を永遠にとどめておくことなどできません。それでも、かんたんに捨ててしまうのではなく、守ることで、時を超えてたしかに伝えられる大いなるいのちがあるような気がします。

本堂の掛け時計は、いまは亡き多くの人の手のぬくもりを知っているはずです。わたしのおじいちゃんもおばあちゃんも、ひいおじいちゃんもひいおばあちゃんも、そのまた前の住職も檀家《だんか》さんも、この時計のねじを回し、文字盤のガラスを拭《ふ》いたに違いありません。

ぼーん、ぼーんという、古時計のやわらかい音を聞きながら、わたしが生まれくるまでに、どれほど多くのいのちが連なり合い、支え合ってきたのかを考えずにはいられませんでした。

願わくは、わたしのたいせつなパソコンさんの画面もまた、百年先の子孫がきれいに拭いてくれたらなあ、なんてね。

それはおそらく叶《かな》わぬ夢ですが、どんなに便利な世の中になっても、せめていま抱いている「もの」への慈《いつく》しみの心情は、次の世代にも伝えたいと願う今日このごろです。

訛《なま》りなつかし

二〇一二年の七月から、エフエム仙台でレギュラー番組を持たせていただいております。番組名は『やなせなな　はじまりの日』。

週の初めの月曜日、そろそろお昼ごはんがてら休憩をとろうかなというみなさんのおともになる時間帯に、トークと音楽をお届けしています。

宮城県と、周辺の一部の地域が可聴エリアとなっており、県内のコンサートでは「ラジオ聞いていますよ」とお声をかけていただくことも増えてきました。
少々照れくさいのですが、やはりうれしいものです。

この番組では、わたしは関西弁で話しています。厳密にいうと、生まれ育った奈良の訛《なま》りで、ラジオ番組に限らず、コンサートのトークでも何でも、わたしはつねにこの方言のままです。

ニュース番組などでアナウンサーが使っているいわゆる「標準語」は、テレビやラジオを通じて幼いころから耳にしていたのですから、話せと命じられればできないこともないだろうと思います。

ところが、いざとなると、やっぱりうまく使えません。無理してぎこちない話し方をするくらいなら、と、たとえ垢《あか》ぬけない語り口になっても、いつでもどこでも奈良弁を押し通しています。

しかし、ときにはこの方言が別の方言に押されて、出てこないこともあるのでした。

コンサートで全国各地を旅するわたしですが、宮城県で番組を持つほど東北地方とは浅からぬご縁があります。そのため、長期滞在することもしばしば。

東北にも各県・各地域、それぞれ独特の訛りがあるため、滞在中はずっと行く先々の方言を聞くことになります。

お世話になる主催者、スタッフ、お客さんをはじめ、宿泊先のホテルのフロントマンも、コンビニのお兄ちゃんも、喫茶店のおばちゃんも、デパートのお姉ちゃんも、居酒屋のおやじも、街ゆく子どもも、駅構内のアナウンスも、空港の手荷物検査員も、みんながみんな訛っているのです。

もちろん人によってその程度はさまざまですが、それでもどこかに東北特有のイントネーションやリズムが含まれています。

相手が素面《しらふ》のときはまだ理解できる場合も、お酒が入った打ち上げの宴席などで年配の人が訛りはじめると、もはや外国語レベルに達していると感じたこともあります。どんなに一生懸命《けんめい》耳を傾けても、名詞以外はまったく理解できず、そんなときは周囲に合わせて笑ったりしてみるものの、内心では冷や汗タラタラなのでした。

そこまでの方言の輪のなかに何日も放り込まれていると、だんだんわたし自身の奈良弁までもが訛ってきます。かといって方言をきちんとマスターできるはずもなく、単にヘンテコな口調になるだけなのですが。

そうなるころには、奈良に帰りたいなあ、という強い気持ちが湧いてくるのでした。

あるときのことです。

仙台空港の搭乗口の前は、大阪行きの最終便を待つ観光客でいっぱいでした。ぱっと見たところの平均年齢は、ちょうどわたしの親世代。夫婦連れやグループで、その手にはたくさんのおみやげ袋を持っています。

仕事をリタイヤした後の時間を、こうして旅行に費やしておられるのでしょうか。みなさんニコニコ和《なご》やかで、おしゃべりにも花が咲いているようです。

笑顔の輪のなかで、長い東北旅を終えたわたしもひとり、飛行機を待っていました。長椅子に疲れた体を預けながらぼんやりしていると、自然と心が落ち着いて、ほっこりするような気がしました。

なぜだろう……と考えてはっとしたのは、周囲のほとんどの人が関西弁で話しているということに気づいた瞬間です。

同時に、かつて国語の教科書で読んだ石川啄木《いしかわたくぼく》の短歌を思い出しました。

ふるさとの訛なつかし
停車場の人ごみの中に

そを聴きにゆく

　この歌がどういった状況で詠《よ》まれたものなのかはわかりませんが、ふるさとに帰りたくても帰れない啄木のさみしさを感じ、胸が詰まりました。

　想いを馳せても、決して帰れない遠い故郷。都会の真ん中で寄る辺《よるべ》ない気持ちを抱え、自分の居場所を見失いそうになっていたときに、突然耳に飛び込んできた方言。

　これは、と顔を上げ、人ごみを必死でかき分けるようにして、その声の主がいる方向へ行こうとする啄木の姿が目に浮かぶようでした。


　しかしながら、周囲のごきげんそうなおばちゃんたちは、感慨《かんがい》にひたっているわたしの気持ちなんぞ知る由《よし》もありません。

「あのなあ」「ほんでな」「あかんで」「そんなんいらん」「ええやんか」……。

わっはっはっはと笑い、ぺちゃくちゃと陽気に語り合う声は、空港ロビーに大きく響いていました。太陽のように明るくあたたかい、これぞまさに関西のオカンの声です。

　そう。これなんだ。

　ことばひとつ分でも、いとおしいわたしのふるさとが、ここにある。

そこはまだ宮城県でしたが、耳慣れた関西弁に包まれたわたしの心は、深い安らぎに満たされました。

ほな、もうはよ帰ろ。

忘れがたきふるさと

コンサートではいつもオリジナル曲を演奏することが多いのですが、ときには昔なつかしい唱歌をお届けすることもあります。

その目的は、誰もが知っているメロディを共有することで、お客さんとの距離を縮めること。メドレー形式にして、「知っている歌が出てきたら、大きな声でいっしょに唄ってくださいね」と呼びかけます。

すると、最初は恥ずかしそうにしていた人も、ひとり、またひとりと、声を出してくださるようになり、最後には合唱になるといううれしいケースも少なくないのでした。

こういうとき、真っ先に唄ってくださるのは、たいてい中高年の女性です。

おばちゃん・おばあちゃんは、明るく元気。これは全国どこへ行っても感じます。ニコニコ笑顔をこちらに向けて、ふんふんと大きくうなずいている姿を見ると、とても強い味方を得たような気分になります。

その隣で、つい先ほどまでは眉《まゆ》ひとつ動かさず、腕組みしながら怖い顔をして聞いていた殿方も、ご婦人方に引っ張られるのでしょうか、いつのまにか口元がパクパクと動きはじめるのでした。

なつかしい歌を耳にすると、幼いころのことが自然と想い出されてくるのか、お客さんの顔が子どものように見えるときがあります。キラキラ輝くまなざしの先には、誰の姿が浮かび、どのような故郷を思い描いているのかと、考えずにはいられません。

あるとき、忘れられない笑顔に出会いました。それは、神戸市長田《ながた》区にあるお寺でコンサートをさせていただいたときのことです。

長田――。

ここは阪神・淡路大震災で大きな被害に遭《あ》った地域です。多くの家が倒壊し、商店街は火事に包まれ、家や店の下敷きになった人々が、かけがえのないいのちを失いました。

その後、長い歳月をかけて、町はみごとに復興を果たしました。二十年近くが経ったいまでは、一見すると震災の爪痕《つめあと》などまったく感じられないほどです。

しかし、大規模な区画整理がおこなわれたため、その姿は以前とはまるで違うものになってしまったのだそうです。

古くからそこに住んでいた人も転居を余儀《よぎ》なくされ、お隣さん同士のつながりもいくつかは途絶えたと聞きました。人々はなつかしい下町の風景を、その手に取り戻すことが叶わなかったのです。


そんな長田にあって、わたしのコンサートを開いてくださったお寺さんは、全壊に近い状態になった本堂を、少しずつ修繕《しゅうぜん》することに成功されました。

在《あ》りし日の姿を取り戻した本堂には、震災を機に遠くへ引っ越した人も含めて、ふたたび多くの方がお参りに訪れるようになったそうです。わたしのコンサートの日も満員でした。

いつものように唱歌を唄いました。メドレーの最後は「ふるさと」です。

客席を見渡すと、涙を流している人の姿がいくつも目に飛び込んできました。なかには目を閉じている人もあります。

瞼《まぶた》の裏によみがえる記憶を追いかけているかのように、その口元はたしかに動いていました。

志《こころざし》を果たして　いつの日にか帰らん
山は青き　ふるさと
水は清き　ふるさと

ひとりの女性と目が合った瞬間、その人はほほ笑みました。頰《ほお》の上で涙がきらりと光っているのが見えたとき、わたしの胸にはぬくもりとせつなさが同時にこみ上げてきました。思わず目頭が熱くなりましたが、ぐっとこらえて笑顔を返しました。

会場はいつにも増して大合唱となり、唄い終えた後も、拍手はなかなか鳴りやみませんでした。

手をたたく人々の心に広がるふるさとは、いったいどんな町だったのでしょうか。あの歌を唄っているあいだだけでも、みんな、同じ町角に立つことができたのでしょうか。

いまとなってはもう誰も訪ねることができないその姿を、わたしは知る由もありません。

ただ、悲しみから必死で立ち上がろうとしてきた人々の歳月と、どれほど時が流れても決して失われることのなかった心のふるさとに、深々と頭を下げました。

おみやげ

そのちいさな島は、瀬戸内海に浮かんでいます。

古くから早生《わせ》みかんの産地として有名で、島全体に広がる段々畑は、収穫時期になるとあざやかなみかん色に染められるのだと聞きました。それはまるで太陽の光をそのまま写し取ったような、とてもきれいな金色だそうです。

縁あって、コンサートのためにこの島を訪れたのは、十二月。

残念ながら時期が外れて黄金の畑を見ることはできませんでしたが、満員のお客さんのあたたかい拍手に迎えられて無事にコンサートを終え、鞄がいっぱいになるほどのみかんをおみやげにいただき、主催者に手を振って帰りの船に乗りました。

ここから自坊のある奈良までは、船と車と電車と新幹線を乗り継いで、片道おおよそ七時間はかかります。渡された行程表を見ると、まずは高速船で広島県内のとある港へ向かい、そこからはタクシーに乗ってＪＲの駅まで向かうように、と記されていました。

ところが、到着した港前には、タクシーが一台も停まっていなかったのです。

同じ船から降りた人々は、目の前の駐車場に停めていた車に乗り込んで、次々と港を後にします。あるいは迎えにきた誰かと笑い合いながら、その場を去っていきました。

気がつくと、わたしひとりがぽつんと取り残されています。

どこまで行けば、タクシーをつかまえられるような通りがあるのか……大きなトランクを抱えて途方に暮れました。温暖な気候の瀬戸内海とはいえ、十二月の潮風は冷たく、心細さがつのってきました。

そのときです。

「お姉さん、どこまで行きたいの？　駅？」

突然ハスキーな声に呼び止められました。

振り向くと、そこにはひとりの女性が立っています。年のころはちょうどわたしの親と同じ、六十代くらいでしょうか。

小柄で痩《や》せていて、胸には毛の長い小さな室内犬を抱いていました。長く垂れた耳についているピンク色のリボンには見覚えがあり、さっき同じ船に乗っていた人だと気づきました。

ＪＲの駅までです、と答えると、それならおばちゃんの車に乗っていかないか、とのこと。

「どうせ通り道やけん、ええよ」

化粧っ気のない日焼けした顔に浮かぶほほ笑みは、どう見ても悪い人には思えませんでした。ほんとにいいんですか、とたずねると、胸に抱いた犬をこちらに向け、この子もいっしょじゃけどええかな、とにっこり。犬はにごりのない黒い目で、じっとわたしを見つめていました。

「よろしくお願いします。助かります」

おばちゃんの車は、みかんと同じような色の軽自動車でした。

走り出してすぐ、ちょっとごめんねえと前置きをして窓を開け、たばこに火をつけたおばちゃんは、数年前まではこの町でスナックを開いていたのだそうです。

働きながら女手ひとつで育てたお子さんたちも独立し、しばらくはお店も閉めて休んでいたのだけど、ひょんなことから島のお菓子工場に勤めることになったのよ、とのこと。

なるほど。初対面なのにどこかなつかしさを感じる雰囲気は、たくさんのお客さんを笑顔で迎えてきたであろう「ママさん」らしいものでした。

「最近嫌ァな事件が多かろ？　見ず知らずの人、殺したりしてさ。こんな冷たい世の中やから、よけいにこないして声かけよるんよ。これは〝おばちゃん〟やからこそ、できることじゃろ」

そう言ってあははと笑った横顔を見たとき、わたしの心の中にほかほかとした安らぎのようなものが芽生えました。

緊張がほぐれて自然と会話ははずみ、わたしは自分が歌を唄っていること、コンサートで島へ行ったことなどを話しました。

するとおばちゃんは、自分にも歌手を目指す娘がいるのだと教えてくれました。

「いろいろ大変だろうけど、夢はあきらめたらいけんよ。がんばって」

わたしに向けられたはずのことばの先に、遠い誰かの背中が見えたような気がしました。もしかしたら、港でオロオロしていたわたしが、夢を追っている娘さんの姿と重なったのかもしれません。

結局は港から四十分かかる新幹線の駅まで送ってくれたおばちゃんは、その前に少しのあいだ、自分の家に寄りたいと言い出しました。

「どうしてもいま、取りにいかないけん、忘れ物を思い出したんよ」

時刻はまだお昼過ぎ。急ぐ理由もなかったので、そのまま回り道でおばちゃんの家に行きました。

ちょっと待っとってね、と車中に残され、アパートに消えたおばちゃんが戻ってきたのは五分後。手にはビニール袋を持っていましたが、わたしには関係ないだろうと特に気にはしませんでした。

そしてふたたび車を走らせ、新幹線の駅へ。本来なら、港にいちばん近いＪＲの駅から在来線を乗り継がなければたどり着けなかった場所まで送ってもらうことができ、本当に助かりました。


別れ際に、ありがとうございました、と頭を下げると、おばちゃんはさっきのビニール袋をわたしに手渡しました。

「これ、おみやげ」

えっ？　もしかして、さっきわざわざ家に寄ったのは、わたしへのおみやげを取りにいくためだったの。驚きが胸いっぱいに広がります。

「久しぶりに家、帰るんでしょ。今晩にでも食べて」


わたしも何かお礼をしなくては、と思ったものの、そんなもんはええから、と背中を押され、そのまま車を降りました。

お返しできないことが申し訳なくて、ありがとうございました、ありがとうございました、と、みかん色の車が見えなくなるまで、何度も何度も頭を下げました。

ひとりになり、ビニール袋の中身を見ると、それは新聞紙に包まれた魚でした。きっと、おばちゃんが今日明日のおかずに食べようと、買っておいたものにちがいありません。わたしに何か持たせてあげたい一心だったのがよくわかりました。

いま、どうしても取りにいかなければならない忘れ物、
その正体が、わたしへのおみやげだったなんて。
ちょっとだけ家に寄る、と言ってからの数分間、何かあげられるものはないかとあわてて部屋中を探してくれたであろうおばちゃんの姿を思うと、胸がじーんとして、涙がぽろぽろこぼれました。

おばちゃん、ありがとう。

ここは「冷たい世の中」になんかならないよ。絶対にならない。

ありがとう。

ほんまに、ありがとう。

✼「報恩感謝」～「有ること」はとても「難しい」

「恩」とは、他者によってなされた有益な行為を意味する「kṛta《クラタ》」、もしくは利益・助成を意味する「upa-kāra《ウパカーラ》」をあらわしたといわれています。

やわらかい表現に直すと、

「恩」＝「ほかの人から与えられためぐみ」

となります。

それを踏まえて「報恩」ということばを考えると、恩に報《むく》いること、つまり「他者からいただいためぐみ」に対して、「それに見合うお返しをすること」だと理解できます。

まずは恩を知り（「知恩」）、そして感謝をすることが重要であると仏教では説かれています。


「感謝」とは、わたしたちが日常生活でよく使う表現で、ありがたいという気持ちをあらわすことを意味します。人に向かって伝えるときも「ありがとう」と言いますよね。

この「ありがとう」は「有る」ことが「難《かた》い＝むずかしい」という語源をもっているといわれています。


これらすべてを合わせて「報恩感謝」ということばを考えると、

「自分以外の者からいただいためぐみ」は、

「めったにない尊いもの」であり、それに対して、

「お返しをすること」となります。


めったにない尊いものとは何か。それは「いのち」ではないでしょうか。

いま、こんなことを考えていられるのも、ここにいのちがあるからです。

わたしたちがこの世に生を享《う》けるためには、一組の男女の存在（二つのいのち）が不可欠です。

わたしたちのお父さんとお母さんにもまた、それぞれに親と呼ばれる二組ずつのいのちが必要で、そのいのちが生まれるためにはまた、それぞれ二組ずつのいのちが必要で、そのまた親にもそれぞれ……。

と、ひたすら時をさかのぼって考えると、人数は倍、倍、と増え、そうかんたんには計算できないほどの多くの人々が自分とつながっていることに気づきます。

わたしのいのちは、ある日ひとりでにぽっと湧いて出てきたわけではなく、リレーのバトンのように、次の人へ、そしてまた次の人へと受け継がれてきました。

途中で誰かひとりでも欠けてしまったら、「わたし」はここに存在しません。

あらためてその事実に想いを馳せてみるだけでも、生きているいまが、いかに「有ること」が「難しい」ものであるかがわかりますね。

わたしをこの世に導き、いのちを授けてくれたもの、そして生まれた後に育《はぐく》んでくれたものは数えきれません。

同時に忘れてはならないのは、有り難い存在であるのは「わたし」だけでなく、生きとし生けるものすべてが同じような経過をたどって、いまそこにあるということです。わたしたちひとりひとりの中には、見えない無数のいのちが連なり、息づいています。生活のなかでたとえ孤独を感じることがあっても、大きな目でいのちを見つめると、ひとりぼっちではないことに気づけるかもしれません。

「恩」とは、誰かに何かしてもらったもの、という具体的な事実を指すだけではなく、生まれてからいままで、知らず知らずのうちに自分を育んでくれたもの、認識を超えるはかりしれないめぐみであるといえます。

わたしたちは、そのめぐみのなかで、「有り難く」生かされているのです。

六　手放す

大そうじ

ピカピカに磨き上げられた、おしゃれな部屋に住んでいる、というわけではありませんが、片づけをするのは苦手ではありません。

自分にとって使い勝手のよい収納を考え、どこに何をしまうのかをいったん決めたら、使うたびに必ず元の場所に戻す。すると、何年経ってもさほど部屋は散らからないものだと思うのです。


しかし、そんなわたしの部屋も、大そうじをしなければならない日がやってきました。各地をコンサートで飛び回り、ほとんど家に帰れない生活を三年ほどつづけた後のことです。

気がつくとわたしの部屋は、増えた「もの」でめちゃくちゃになっていました。

コンサートのポスター、チラシ、依頼文、感謝状、記念品、おみやげ、プレゼント。その大半は、旅先でいただいたものです。

もともと収納先を決めていなかったため、いつか整理をする日まで、とりあえず床にでも置いておこうか……と思って並べているうちに、百を超える数にふくれあがって、部屋を占拠《せんきょ》してしまったのでした。

本来なら整理整頓《せいとん》がなされていないと落ち着かない性格なので、こんな状況に対して平気ではいられません。ところが、片づける時間がまったくないのです。

旅から戻って荷物を入れ替えたら、また翌日には次の旅へ出なければならず、自宅のふとんで眠れるのは、月に二〜三回といったところ。仕方がないので、とにかく床に並べ、それを放り出して旅をつづけるよりほかありません。

こんな暮らしを送っていたら、部屋が散らかるだけでなく、結局のところは心の整理整頓もままならず、心身ともに疲れ果ててしまうに決まっています。

このままではいかんと痛感し、休養をとった後、まず生活改善の一歩として手をつけようと思ったことが大そうじでした。

増えた分を収納するためにも、今回は押し入れをひっくりかえして、持ち物すべてを一から見直すことにしました。何年も開けていなかった引き出しや、奥にしまっておいた箱を開けてみると、すっかり忘れていた想い出があふれ出してきます。

幼いころの絵日記や作文などはなつかしく、われながらほほ笑ましいものです。古いアルバムのなかには、若かりし日の父や母、あどけなさが残る兄姉、改築前の自宅、いまは亡き祖父母の笑顔、昔の町並みなどが、色あせた写真とともに残っていました。思わず見入ってしまいます。

また、出てきて恥ずかしいのは二十代のころに書き連ねている駄文の数々。「どうすればプロのシンガーソングライターになれるのか」とか「この先の活動方針」とかいったものが、稚拙《ちせつ》きわまりない歌詞とともにノートに記されていました。大まじめに、角ばった文字で決意をえんえんと。

それはとても未熟なのに、根拠のない自信と勢いに満ちています。ああ恥ずかしや。こんなもの直視できません。

同時に、アマチュア時代の演奏風景をおさめたビデオテープやらＭＤといったものも、大量に出てきました。どれもこれも、ライブの直後に一～二度見聞きしたきり、ずっと放っておいたものです。

いまでは自宅に使えるビデオデッキもＭＤプレーヤーもないので、中身を確認するすべはありませんが、よくまあこんなにたくさんライブをしていたものだ、とあきれるほどの記録の数々です。

何のあてもないのに、夢を追いかけて唄いつづけていた、無邪気《むじゃき》な自分の足あとがそこにありました。

そうして、ときには手を止め、ときにはひとりごとをつぶやき、またときには顔を赤くしたり青くしたりしながら自分自身を振り返る大そうじは、なかなか進みませんでした。

そのため、何日も何日も整理途中の散らかった部屋で寝起きするはめになりました。

足の踏み場もないほど広げたたくさんのものは、これまでに通り過ぎてきた、わたしの人生のかけらたちともいえます。

積み重なったその片隅《かたすみ》に、いま、ふとんを敷いて眠っていますが、まわりにあるものは、すべて過ぎ去った日々の残骸《ざんがい》です。ここにあるようで、実は抜けがら。手に取ってみたところで、決して「あのころ」には戻れません。

もう、捨ててしまおうか。

ふいにそう思いました。

生きている分だけ、持ち物は増えると思います。でも、それをずっと抱えつづけることはできません。
わたしたちに与えられているのは、「いま」という限られた収納スペースだけ。それすらも、いのちを終えるときには手放さなくてはいけないわけです。

写真の中のなつかしい笑顔も
画用紙いっぱいに描いた幼き日の絵も
おばあちゃんにもらった折り紙のだるまさんも
引っ越しで離れた友だちからの手紙も
コンクールでもらった賞状も
コレクションした古い切手も
お気に入りの靴も洋服も
寝心地のよいふとんも
好物のおせんべいも
使い慣れた机も椅子《いす》も
母から受け継いだだいじな指輪も
必死で働いて貯めたお金も

たくさんの楽譜も
大好きな歌も
おぼえたすべての名前も

一日でも長くいっしょにいたい
たいせつな
たいせつな
あなたのことも
最期には何ひとつ、携《たずさ》えることができないなんて

それはとてもさびしいことのようですが、
ああ、なんと身軽で、自由ないのちなのでしょうか。

手放して、手放して、
たくさんのお別れのなか、
ほんとうは初めから何も持っていなかったのだと気づく最期のときに、

ようやく「いま」を、ただ生きることができるのかもしれません。

あの日へとつづく道

わたしの生まれ育ったお寺では、檀家《だんか》さんのお宅への「月まいり」をおこなっています。月まいりというのは、ご先祖さんが亡くなられた日に毎月お参りをすることですが、自坊では二ヵ月に一度、決まった日に檀家さんのお仏壇を訪問するという形式にしています。わたしは二十三歳で僧籍をいただき、そのころから月まいりに行くようになりました。基本的にはお経をあげることがメインなので、会話は一言二言のあいさつ程度。でも、なかにはわたしが来るのを心待ちにしてくださっているお宅もあります。

あるおばあちゃんは、持病のためあまり外出しないと聞きました。他人と接する機会が少ないからでしょうか、お参りが終わった後にわたしと話すことがとても楽しみだったようです。

いつもお茶とお菓子を用意してくださっていました。ありがたくいただきながらおしゃべりをすると、おばあちゃんは若いころの想い出話などを聞かせてくださいます。その表情はときに少女のように見えるほどイキイキとして、はしゃいだ笑顔が印象的でした。

あるときは、わたしがいつものようにお経を読み終わってくるりと振り返ると、ぱちぱち、と拍手をするおばあちゃんの姿がありました。

「ほんまにええ声したはるわ。坂本冬美ちゃんみたいや」

お経を読んで拍手をされたのは、後にも先にもこのおばあちゃんだけです。恥ずかしくて、そんなんやめてくださいよ、と言うと、

「歌、唄ってはるんやて？　一回でええから聴きにいきたいなあ」

と、うっとりした表情で目を細めていたおばあちゃん。もしかしたら、わたしが着物姿で演歌を唄っている姿を想像していたのかもしれません。わたしは思わず笑ってしまいました。


ところが、お別れは突然やってきました。ある朝、おばあちゃんの家から、うちのお寺に電話がかかってきたのです。

「母が、亡くなりました」

受話器の向こう側で、娘さんが泣いているのがわかりました。

あわてて駆けつけると、いつもの仏間にはおふとんが敷かれ、そこにおばあちゃんが眠っていました。つい最近お会いしたときよりも、ひとまわり小さく見えます。

もう二度と起き上がることはないなんて。

いっしょにお茶を飲むことも叶《かな》わないなんて。

――歌、唄ってはるんやて？　一回でええから聴きにいきたいなあ。

おばあちゃんの声が耳によみがえりました。いつもわたしを待っていてくれた、やさしい笑顔とともに。

ごめんね、こんなことなら、あのとき演歌のひとつでも唄ってあげればよかったね。

枕経《まくらぎょう》をあげるわたしの頬《ほお》が、涙で濡《ぬ》れました。


あれから十年以上の月日が流れ、いまはおばあちゃんの娘さんが、わたしを迎えてくれます。同じようにお茶とお菓子を準備して、お参りの後は机をはさんでおしゃべりをするという形も受け継いでくださいました。

おばあちゃんの想い出話に花を咲かせていたとき、娘さんは言いました。

「ななさんが来るのを、ほんまに楽しみにしてたんですよ。ふだんはずっとふさぎ込んでいたんですけどね。いま思えば、ちょっと認知症もはじまっていたのかもしれません」

わたしは驚きました。いつもニコニコとした顔で、しっかりした口調だったおばあちゃんに認知症がはじまっていたなんて。にわかには信じられません。

「ななさんのお参りの日だけは、うれしそうに、よくしゃべってました」

昔の話をすると、少女のようにも見えたことを想い出しました。

あのとき、おばあちゃんのいのちの中で、時計は逆戻りしていたのかもしれません。


以前、認知症をわずらった人ばかりが入っている老人ホームへ慰問《いもん》コンサートに行ったことがあります。会場となった談話室に集まった人たちの視線はうつろで、わたしがあいさつをしても返事はなく、手ごたえは感じられませんでした。

不安を抱きながらはじめたコンサート。しかし、なつかしい唱歌の演奏をはじめると、ほとんどのお年寄りの表情がぱっと明るくなりました。さっきまで無表情に見えたおばあさんたちが、歌詞もまったく間違えずに、二番、三番とわたしの歌に合わせて口ずさんでいます。

いつしか大きな拍手が返ってくるようにもなりました。その顔に笑みが見えたときは、ああ来てよかったと思ったのです。

ところが、コンサートを終えて片付けをした数分後、談話室に残っていたおばあさんたちに「さっきはありがとうございました」と声をかけた瞬間、そこにあったのは、訝《いぶか》しそうな表情でわたしを見つめる、冷たい瞳《ひとみ》だけでした。

ことばは何も返ってきませんでしたが、わたしが誰なのか、何を言っているのか、はっきりとはわからないようでした。

ついさっき、あんなに大きな声でいっしょに唄ってくれたのに、もう何も覚えていないなんて——。コンサートの客席にいた人たちとは思えないその姿に、わたしは強いショックを受けました。


帰宅し、そのことを親に話したところ、母がぽつりと言いました。

「そのおばあさんたち、荷物を下ろしてはるんやで」

人は誰もがいのちを終えて、遠いどこかへ旅立っていかなければならない。その旅には、何も持っていくことができないからね、さよならがつらくならないように、少しでも荷物は下ろしていったらいいよ、って、仏さまがはからってくださっているのかもしれないね、と。

思いもよらないひとことでした。

失うことは悲しい、と決めてかかっていたけれど、そうではないのかもしれない。

いや、そもそも、ほんとうに失っているのかな。

歳《とし》を重ねるごとに体は軽くなり、口数も少なくなり、聞こえるものも見えるものも減り、わからないことが増え、自分ひとりでは動けなくなっていくけれど。

じつは、長い歳月で抱え込んだ余分なものを捨てているのではないだろうか。

母のことばは救いのようでもあり、また、問いのようでもありました。

考えているうちに、老いて、日ごとに小さく身軽になっていくさまが、何かに似ていると思いました。

そんなある日、月まいりであるお宅を訪ねたとき、こんなひとことと出会ったのです。

「うちのおばあちゃん、赤ちゃんみたいにならはりましてん」

わたしは、はっとしました。

その家のおばあさんは、認知症でした。ときには暴れることもあるようで、お世話するご家族の苦労ははかり知れません。

それでも、ひとりでは何もできなくなってしまったおばあさんを見ると、かわいそうだと思うと同時に、無垢《むく》な赤ん坊を見るようでかわいらしいというのです。

目の前のことがわからなくなり、
自分を取り巻く世界を離れ、
古い想い出のなかで生きるようになり、
そしていつの間にか「わたし」をも捨ててゆく姿は、
この世に生まれてきたあの日に、まっすぐつづいているのかもしれません。
そして、
静かに無限のゼロへと帰ってゆくのでしょう。
新たに生まれるいのちを照らす、光に変わるために。

✼「放下著《ほうげじゃく》」〜捨てられないと気づくことで放たれる

「放下」とは、放り投げて落とす、放棄するという意味です。
仏教においては、心身にまつわる一切の執着《しゅうじゃく》と、その原因になるすべてのものを捨てて離れることをあらわします。「著」は命令の助詞で、合わせると「すべて捨ててしまいなさい」という感じになるでしょうか。

これは、唐の時代に生きた趙州《じょうしゅう》従諗《じゅうしん》という禅僧のことばだと伝えられています。

「何もかもを捨て去ったのですが、これから先はどう修行したらよいでしょう」

とたずねた弟子《でし》に対して向けたひとことが、

「すべて捨ててしまえ！（放下著）」

だったというのです。これには弟子も驚いたことでしょう。

「すでにすべてを捨てたというのに、これ以上何を捨てるというのですか？」

と言って食い下がりました。それに対して趙州禅師《ぜんじ》は、

「捨てられないなら、担《かつ》いで去れ！」

と答えたといいます。すべて背負っていきなさい、という感じでしょうか。

ちょっとむずかしいこのお話は、実際にすべてを捨ててみても、「何も持っていない」という状況に心が縛《しば》られたままの弟子の慢心《まんしん》をいさめている様子を伝えています。

「捨て去る」ということを文字どおり実行するだけでは、ほんとうの放下にはならないことを示しているのです。

では、ほんとうの放下とは何でしょうか。それを考える前に、わたしたちの執着・欲望について知る必要があります。

わたしたちの心身を煩《わずら》わせ、悩ませる心のはたらきを「煩悩《ぼんのう》」といいます。煩悩はわたしたちを、苦しみに満ちた迷いの世界に繋《つな》ぎ止めておく原因となるものと考えられ、その根本は、三種類の毒にたとえられます。「三毒《さんどく》」と呼ばれるものです。

①貪欲《とんよく》……むさぼり
②瞋恚《しんに》……いかり
③愚痴《ぐち》……おろかさ

「貪欲」とは、お金やものをはじめとする自分に都合のよいものを、必要以上に、飽くことなく求める心をあらわします。

「瞋恚」は、自分に都合の悪いものを憎み、怒ること。三毒のなかでも最も激しく人々の心を害し、仏道の障害になることから、火にたとえられることもあります。

「愚痴」は言っても仕方がないことを嘆《なげ》く、といったイメージを抱きがちですが、本来は自己中心的なもののとらえ方しかできず、真実が見えていない愚かな心をあらわします。

すべてのものは移りゆき（無常）、それはこの「わたし」ですらも例外ではありません（無我《むが》）。しかし、どこかで、自分だけは永遠に変わらずここにあるような錯覚のなかで生きています（我執《がしゅう》）。

そのため、ものごとの真実の相《すがた》を正しく知ることができず、「わたし」を固定のスタート地点として物事を受け止めようとします。

その結果、目の前の対象が「わたし」にとって都合のよいものか悪いものか、それによって心は振り回されることになります。

安らかな悟《さと》りの境地とは、このような煩悩から解放される状態のことです。

ありのままを正しく見つめ、受け入れ、むさぼらず、怒らず、「わたし」を離れることなのです。

ですが、それが理解できたからといって、なるほど、では今日から実践《じっせん》してみます、とかんたんに目指せるものでしょうか。答えはＮＯですね。

わたしがわたしとして生きている限り、わたしを離れるなどということはできません。たとえゆがんだ錯覚だとしても、この「わたし」というフィルターを通さずに自分や世界を見ることは不可能なのが現実です。

しかし、苦しみを生みだしている正体が自分の中にあると知るだけでも、感じ方は変わります。

ときどきでよいのです。できれば悩み苦しんでいるときにこそ、「わたし」を超えた大きな見方があるのだということを、心に描いてみてください。

どこまでいっても煩悩から逃れることができない自分を知ることで、自由になり、ほんの一瞬だけでもふっと肩の力が抜けて、放たれるものがあります。

七　めぐりあう

たびおの幽霊《ゆうれい》

毎年夏になると、心霊《しんれい》現象をあつかった特別番組がしばしばテレビで放送されます。でも、どんなに怖い怖い悪霊《あくりょう》も、霊媒師《れいばいし》さんやお坊さんのお祈りパワーで解決する場合が少なくありません。

わたしは僧侶《そうりょ》で、お寺生まれのお寺育ち。ご先祖さま方の霊にもなじみ深い立場なのではと思われがちですが、仏教系寺院とひとくちにいっても、宗派によって物事のとらえ方は大きく異なります。

わたしが生まれ育ったお寺の宗派では、死んだ後の人間の霊魂が現世をさまようこと——いわゆる「幽霊《ゆうれい》」の存在は信じません。

わたしも幼いころから、人は死んだらまっすぐ極楽浄土へ帰っていくんだよ、だから幽霊なんていないんだよ、と教えられて大きくなりました。そのせいか、子どもながらに怪《かい》談《だん》などに対しての恐怖心は薄いほうだったと思います。

その後も「見える」とか「感じる」といった体験もまったくありません。

ただ、一度だけ幽霊をこの目で見たことがあるのです。それはいまから八年前の夏のことでした。

わが家でたいせつに飼っていた猫の「たびお」が、先天性の心臓病で亡くなりました。享年《きょうねん》七。一般的な飼い猫の平均寿命から考えると、うちの子は残念ながら短命だったといえます。

そんなたびおには、近所に仲のよい猫友だちがいました。名前はミーちゃん。毎日欠かさず何時間も二匹で連れだって遊び、お互いの家に上がり込んではキャットフードを分け合って食べるほど仲よしでした。

ところが、ミーちゃんを残してたびおは突然死んでしまったのです。

「死」を理解できないミーちゃんは、それからというもの、たびおを探すようになりました。ときにはうちのお寺の境内《けいだい》で、じっと座って遠くを眺《なが》めていることもありましたが、おそらくたびおを待っていたのだろうと思います。

わたしたちの姿を見ると、にゃーんと鳴きながら寄ってきて、体をすりすりとくっつけてきます。たびちゃん知らない？　と問いかけているのでしょうか。何も知らないその無《む》邪気《じゃき》な表情が痛々しく、わたしたちもまたたびおを想い出して泣くばかりでした。

そんな涙の日々が二ヵ月ほど過ぎたある日のことです。ミーちゃんの飼い主さんが、息せき切ってわが家に駆け込んできました。「たびちゃんが！　たびちゃんが！」と叫《さけ》んでいます。

どうしたんですか？　とたずねると、一枚の写真を見せてくれました。そこには、ミーちゃんを抱いたお嬢さんの姿が写っていたのですが、そのミーちゃんの背中のあたりには——。

なんと、たびおの顔がぼんやりと浮かびあがっているではありませんか！

初めて目にする心霊写真を前に、驚きのあまりことばを見つけることができません。つい先日撮影したばかりだということなので、わたしたちは実物のミーちゃんを確かめるべく、飼い主さん宅へ走りました。

玄関を開けると、ミーちゃんが悠然《ゆうぜん》とした足取りで奥から出てきたのですが、その姿を見てふたたびびっくり。体が以前の倍ほどに大きくなっていたのです。

さらには、毛の色まで変わっていました。ロシアンブルーの血を引くミーちゃんの毛並みは、青みがかったグレーです。ところが、目の前の毛の色は茶色。たびおと同じです。

まさか。

まさかまさかまさか！

「たびお……ミーちゃんの中に寄り道したんか……」

おそるおそるミーちゃんの頭を撫《な》でてみましたが、返事をすることもなく、甘えることもなく、ただじっとしています。

それでも、ミーちゃんの顔つきは、お相撲《すもう》さんのようにふっくらしていたたびおにそっくりに見えて、きっとここにいるんだと確信しました。


心臓発作を起こして、一日も経たないうちに死んでしまったたびお。

突然のお別れを、なかなか受け入れられなかったのは、ミーちゃんだけではありません。

わたしたちも、まだそばにいるような気がして、思わず呼びかけてしまう日もあったのです。

だから、幽霊でも何でもいいから、会いたかった。会ってもう一度だけ、この手で頭を撫でてあげたかった。

「よしよし、たびちゃん、よく帰ってきてくれたね」

ぼろぼろ涙を流すわたしを前に、ミーちゃんの飼い主さんの目にも涙がにじんでいます。

わたしたちは一匹の猫をはさんで、しばらくのあいだ泣きつづけました。

その後、ミーちゃんはどうなったかというと、不思議なもので、いつのまにか元の姿に戻っていました。体も小さくなり、毛の色はブルーグレーの輝きを取り戻しています。

顔つきも、お相撲さんかビスケットか、といわれたたびおのような丸顔ではなく、元どおり細いイケメンならぬイケネコです。あれは何かの見まちがいでは、とさえ思えてきました。

ミーちゃんはたびおの死後、何年経ってもうちのお寺へ遊びにきました。わたしたちを見つけるとうれしそうに、にゃーんと鳴いてすり寄ってくることに変わりはありません。でも、時折はっとした表情になり、音のしない遠くをじっと見つめているときがありました。

ミーちゃんの視線の先には、何があるのでしょう。

たびちゃんなの？　それとももう、仏さまの世界へ旅立っていったのかな。

「たびお」

空に呼びかけてみても、答えはありません。

あの不思議な出来事はいったい何だったのか。真実は、誰にもわからないままです。

最期に、姉さんへ

おだやかにつづく、平和な毎日。

それが当たり前のことのように思えて、特別何かに感謝するわけでもなく、ときには不平や不満を洩《も》らしながら暮らしていたわたしのもとに、ある日突然その手紙は届きました。

封筒の左上、通常は切手が貼られている場所には「軍事郵便」と示された判が押されてあり、その下には住所、宛て名、そして「戦死開封」の文字が。かなり昔のものだということがわかります。

くるりと裏返すと、差出人はわたしの祖母の弟でした。

つい先日、古い箪笥《たんす》を整理していた祖母が、突然大声をあげて家族を呼びました。

「ひろふみの、ひろふみの手紙が……」

どうしたの？　と駆けつけたわたしたちに封筒を差し出しながら、その後はことばが出てこなかったようで、祖母は泣きじゃくっていました。

簞笥の引き出しの奥に入れられたまま、長らく忘れられていたこともあって、その手紙は空気や日光にさらされることもなく、きれいに保存されていました。虫食いひとつないしっかりとした紙や、あざやかな黒を保った毛筆の文字は、とても半世紀以上前のものだとは思えません。

おそるおそる中身を取り出すと、分厚い和紙に、力強い筆跡で「遺言」と書かれていました。それは、「ひろふみさん」がお姉さんに宛てた最期のことばだったのです。

手紙には、戦争で死ぬことはまったく怖くない、本望である、だからわたしが戦死したと聞いたら喜んでほしい……ということが、漢字とカタカナだけの文語体で綴《つづ》られていました。

「皇国」「散ル」「笑ヒテ出発」、そんな語句が勢いよく並んでいます。まるでつい最近書かれたかのような、若い息吹を感じさせる文章でした。

しかし手紙の半ばには、

「義俊《よしとし》兄、義章《よしあき》君ニヨロシク　親シク面接ノ機ヲ得ザリシハ　惜《お》シキコトナリ」

と記されていました。「義俊兄」とはわたしの祖父のことで、「義章君」というのは生まれて間もない赤ん坊だった、わたしの父の名前です。

もう一度だけ、会いたかった――それが、せいいっぱいの表現だったのでしょう。

その後、お姉さんが元気で暮らすことを祈っている、という文章につづき、最後は何かを吹っ切るかのように、

「サラバ姉上様」

ということで結ばれていました。ひときわ大きな文字でした。

陸軍少尉《しょうい》だった祖母の弟は、結婚しないまま、昭和十八年に二十四歳という若さで亡くなりました。

祖母から聞いた話によると、幼いころは教師にあこがれるまじめな少年だったようです。正義感が強く活発な性格で、自ら望んで士官学校へ進学。その後は志願して南方の戦線へ赴《おもむ》いたとのことでした。

任地を家族に知らせることは禁じられていたそうですが、祖母のもとに届いた手紙のなかに「南十字星が見える」と書かれていたことがあったらしく、祖母はどんな美しい星なんだろうと想像しながら、遠くにいる弟の身を案じたことを話してくれました。

結局その島は、敵国からの激しい艦砲射撃《かんぽうしゃげき》に遭《あ》い、日本兵は誰ひとり生きて帰ることはできなかったそうです。

その翌年には、祖父のもとにも召集令状が届きました。結婚して間もない妻と、かわいい赤ん坊の姿を前に、祖父は「戦争へなど、行きたくない」と洩らしたそうです。

しかし、時代はその願いを決して認めてはくれませんでした。

ほんとうの気持ちは誰にも知られないように深く心にしまい込んで、祖父は中国へ渡りました。しかし、まもなくアメーバ赤痢《せきり》にかかって、あっけなく病死したそうです。

戦いには一度も参加しないまま、寒さの厳しい異国の療養所で、ひとり迎えた最期でした。

祖母は、その後の長い半生を独身で通しました。終戦当時は同じような境遇《きょうぐう》の女性がめずらしくなかったようで、自分だけが特別つらい目に遭っているとは思わなかったのだと言っていました。

おじいちゃんは仏さまのとこへ行かはったんやで、というのが祖母の口ぐせで、どんな人もいのちを終えたら極楽浄土へかえるのだと、よくわたしに教えてくれました。

なんまんだぶ、なんまんだぶ。

手を合わせ、だいじょうぶだいじょうぶと言いながらも、祖母は仏さまの前では時折ぽろぽろと涙を流していました。


あれからおよそ七十年が過ぎたいまも、ニュースではしばしば異国の戦禍《せんか》の様子が伝えられています。テレビ画面の向こうの遠い街では、大きな音を立てて砲弾が爆発し、泣き叫ぶ女性や、血まみれのまま病院に運び込まれる子どもの姿が映し出されています。

愛する家族を守るために、と、誰かを攻撃せざるをえない兵士たち。

不条理な爆撃でいのちを落とす、何の罪もない市民。

たいせつな人を失う悲しみと、ふるさとを奪《うば》われる恐怖を抱えながら、懸命《けんめい》に生きる人々。

そこにあるのは、あの日の祖父母の姿そのものでした。

いま、目の前にあるのは、一枚の手紙
色あせることのない白い紙に
あざやかな黒い文字
最期にもう一度　会いたかった姉上さま
お元気で――

あなたのいのちを受け継いで
いまわたしがここに生かされているのなら
この平和を
かならず守ってみせますから
どうか安らかにお眠りください

合掌

ひよこ珈琲《コーヒー》

特急や急行は停まらない、ちいさな駅から歩いて五分の場所に、そのお店はありました。

「自家焙煎《ばいせん》　ひよこ珈琲」

入り口には看板が立っていて、店名の下に描かれたシルエットのひよこが、ここだよ、と知らせてくれています。

ガラス戸を開けて中に入ると、オレンジ色のやわらかな灯《あか》りに照らされた店内には、キャロル・キングの「ユーヴ・ガッタ・フレンド」が流れていました。学生のころ、キャロル・キングにひたすらあこがれた時期があり、この歌を何度カバーしたことでしょうか。あのころの記憶がよみがえり、胸のあたりがきゅうんとなりつつ、オーダーしたのは、お店自慢《じまん》のコーヒーに、手づくりおからドーナツでした。

マスターは、注文を聞いてから時間をかけてコーヒーを淹《い》れてくれます。決してあわてず、ていねいに。

お店は通りに面しているので、窓側を向いて座ると、お向かいの和菓子屋さんが見えます。純和風の古い建物は、いまはもうなくなってしまった母方の祖父母の家に似ているような気がしました。

コーヒーができ上がるまでのあいだ、ぼんやりと外を眺めていると、道行く人が目の前を横切っていきます。

ひとり足早に通り過ぎる人、子どもの手を引きながらゆっくり歩く人、腰の曲がったおじいさん、しゃべりながら歩くふたりのおばさん、ランドセルを背負って走る日焼けした子どもたち、赤ちゃんを抱くお母さん、車いすのおばあさん……。

それは、かつてどこかで会ったことのある、親しい誰かの横顔だったのかもしれません。

ここは不思議なお店でした。

訪ねたのはその日が初めてなのに、ずっと前から知っていたような、なつかしさにあふれているのです。時の流れもゆるやかに感じられました。

もともとひよこ珈琲は、マスターの奥さんがはじめた移動パン屋さんでした。

天然酵母《こうぼ》で食パンをつくり、当時は会社勤めをしていたマスターにときどき手伝ってもらいながら、イベント会場などで販売していたのだそうです。

その名は「ひよこベーカリー」。ちいさなお子さんからお年寄りにまでかんたんにおぼえてもらえて、なおかつ呼びやすい名前をとふたりで考えたのだとか。

売っていたのはいろいろな種類の「食パン」です。

特別な日に、背すじをのばしていただく豪華な食事も素敵だけれど、ありふれた家族の朝の食卓に、ぽん、と置かれているような、そんなパンをつくりたいというのが願い。

奥さんは食べる人の笑顔を思い浮かべながら、毎日食べたくなるやさしい味のパンをつくりました。その気持ちはお客さんに伝わり、「ひよこのパン」と呼ばれて親しまれるようになりました。

いつしか夫婦は、ひとつの夢を抱くようになります。

このパンを、おいしいコーヒーといっしょに、お客さんに食べてもらえるお店を持つことができたらいいなあ、と。

ふたりは休みの日になると、たくさんのカフェをめぐり、理想のお店像をお互いの心に描き合いました。それはとてもわくわくする、楽しい時間だったことでしょう。


ところが、夢は叶《かな》いませんでした。

ひよこベーカリー誕生から一年九ヵ月が過ぎた、夏のある日。

奥さんが、突然の病《やまい》でこの世を去ったのです。

まだ四十二歳の若さでした。

夫婦は子どもがいなかったこともあり、いつでもどこでもずうっとふたりきり。寄り添って、同じ夢を見て暮らしていた日々を失ったご主人のさみしさは、どれほどのものだったのか、想像することもできません。


そんなある日のことです。

ご主人はひとつの歌と出会いました。

使い古したコーヒーカップ
柱に残るちいさな傷
いつもと何も変わらぬ朝
でも
足りないものが　ひとつ

君はお空になりました
さようならも言わないまま
がらんとした部屋に置き去りの
僕の涙と　ピアノ

どんな夢を見ていたの？
いちばんだいじなものは何？

君が奏《かな》でた日々　想い
触れる鍵盤は　冷たい

黒い額縁の中から
心配そうに　僕を見てる
君にもう一度会いたくて
習い始めた　ピアノ

どんな夢を見ていたの？
いちばんだいじな人は誰？

君が生きた日々　たどり
触れる想い出は　あたたかい

耳を澄ませば聞こえるよ

それはやさしい愛のうた
君はもう二度と戻らない
でも僕は　ひとりじゃない

遠い青空の上から
心配そうに　僕を見てる
大丈夫　笑って聴いててよ
僕のへたくそピアノ

大丈夫　笑って聴いててよ
いつか会えるその日まで

（やなせなな「青空ピアノ」）

これは二〇〇六年にわたしがつくった「青空ピアノ」という歌です。書いたきっかけは、不慮の事故で奥さんを亡くした男性のインタビューをテレビで見たことでした。

わたしは曲をつくるとき、詞が先にできることもあれば、曲が先にできることもあり、また同時に出てくることもあるのですが、いずれにしてもまずは伝えたいこと・表現したいことがあって、そのイメージ画のようなものが頭に浮かんできます。

「青空ピアノ」は、窓からわずかな光が差し込んでいる洋風の居間に、アップライトのピアノが一台置いてあって、そこにひとりのおじさんが手をかけて、涙を流すこともできずに立ち尽くしているという絵が出てきました。

部屋は、たいせつなものが欠けてしまって、がらんとした静けさに包まれています。

おじさんはそのピアノを開けて、人差し指だけで鍵盤をおさえてみました。そうでもしないと、広くなった部屋にひとりぼっちで、どうすればいいのかわからなかったから。

奥さんの趣味はピアノを弾くことでした。

それなのに、一度もまじめに聴いてやったことがなかったなあ、とか、

そんなことをぼんやり考えつつ、

ふたりで出会い、暮らしてきたそれまでのことを、

ぽつりぽつり、ひとりぼっちで想い返す背中。

そのうち、ピアノ、習ってみようか、と思いたって、駅前の雑居ビルにある「大人のための初心者ピアノ教室」に通いはじめます。

ところが指はなかなか動かず、そうかんたんに弾けるようにはなりません。

でも歌の最後は、明るい丘のようなところにグランドピアノがあって、青空の下で、おじさんは堂々と演奏しているのです。

とはいえ、やっぱりつたない指運びです。

すぐには上達しないピアノのように、君のいない今日を、元気に生きることはできそうもない。

でも、
がんばるから、
見てて——。

おじさんはそんな想いをこめて、空を仰ぎます。

顔はほんの少しだけ、笑っていました。

わたしは頭に浮かんだその絵を追いかけるように詩を書き、曲は静かながらも明るいものをつけました。誰かの悲しみに寄り添うことができたなら、という一心でした。

ひよこ珈琲のマスターは、奥さんを失った当時の気持ちを、ブログにこう記しています。

ちょうど2年前の8月。
毎日が悲しくて悲しくてどうしようもなかった。
その出来事が日ごとに実感として体に重くのしかかる。
どうやっても取り戻せない過去と
真っ白になって何も見えなくなった未来のあいだ
僕は一人でどこにも行けなくなってしまった。
会社をやめることにした。

そんなときこんな僕を仲間が助けてくれた。
本当に本当にありがたかった。
仲間の気持ちが一つに集まって
その年の9月末に「また明日の会」をひらいてくれた。
心があたたかくなる会だった。
その日にいとこから、ふと手渡された音楽CD。
やなせななさんのアルバムだった。

それから毎日繰り返し、繰り返し聴いていた。
一人の部屋で、車の中で。
悲しみに寄り添ってくれる歌詞、歌声が
心にすーっと入ってきて
優しく癒してくれた。

お店を訪ねたわたしにマスターは、ＣＤを聴きながら、奥さんとふたりで描いた夢を絶対に叶えようと誓《ちか》ったのだと話してくれました。

そのことばを聞きながら、わたしはあの日、テレビの画面の向こう側に映っていたおじさんの顔を思い出しました。

たいせつな人を亡くしてからの日々を、ただ静かに語っていた姿を。

念願だったカフェをオープンされたのは、奥さんが亡くなって一年と四ヵ月後の、二〇一三年十二月のことです。

それから毎日、マスターは豆を焙煎し、訪れるお客さんにていねいにコーヒーを淹れているのでした。

コーヒーのお供となる名物・おからドーナツは、かつて奥さんが食パンを焼いていたオーブンで毎日つくっているそうで、バターやたまごは使わない、やさしい味です。ちいさなお子さんからお年寄りまで、毎日でも食べてもらえるようなものを、と。それは亡くなった奥さんの願いそのものでした。

「僕、ほかに何もつくれないんですよ。ただこのドーナツだけ。毎日焼いてます」

青空ピアノとまさにおんなじ、へたくそのピアノなんですよ、と言いながらドーナツを出してくれたマスター。見ると、ひよこのシルエットの焼き印が押されていました。お店の入り口にあった看板と同じ絵です。

ふと、なぜお店の名前がひよこなんだろう、と不思議になりました。

たずねると、マスターはほんの少しはにかんで、これはあんまり話してないんだけど、と前置きをしてから照れくさそうに答えてくれました。

「妻が、ひよこに似てたんですよ」

今日もマスターは、奥さん愛用のオーブンでおからドーナツをつくっているのでしょう。ほかほかに焼き上がったら、じゅっ、じゅっ、とひとつひとつ、食べた人が笑顔になりますようにとの願いをこめて、ひよこのマークが押されます。

午前十一時になると、かわいい看板が道ゆく人に呼びかけます。

いらっしゃいませ、ひよこ珈琲はこちらですよ！

そこは時の流れさえもが、不思議なほどゆるやかな場所。

夫婦ふたりのあたたかい想いが、いつもお客さんを待っているのです。

✲「倶会一処《くえいっしょ》」〜わたしの前に開かれる世界

「倶会一処」とは、

「倶」＝ともに

「会」＝出会う

「一処」＝ひとつのところで

ということで、安らかな世界（極楽浄土＝ひとつのところ）で、仏さまや菩薩《ぼさつ》さまと出会うことができますよ、という意味を持っています。

一般的には墓石に刻む場合もあり、この世でいのちを終えた後、浄土に生まれてふたたび会いたいという願いや、いつか必ず会えることを知る喜びを表現しています。

ところで、「浄土」は、いったいどこにあるのでしょうか。行って帰ってこられる場所ですか？どこかにあるなら、写真くらい見せてもらえませんか？

といった冗談《じょうだん》まじりの質問もしばしば耳にしますが、そのことばからもわかるように、現代人であるわたしたちが想像する「極楽浄土」は、どこか遠くにある「場所」のようなイメージなのではないでしょうか。

ふわふわした雲の上、色とりどりの花が咲き、金色《こんじき》に輝く家々が立ち並び、美しい天女が舞い踊り、鳥たちが妙《たえ》なる音楽を奏でている……。

死んだ後はどうやらそんな世界へ行くらしい、という絵を、頭の中のどこかに描いたことがあるという人は、きっと少なくないと思います。

しかし、申し訳ありませんが、ほんとうにそんな世界があるのかどうか、わたしにはわかりません。なにしろ死んだことがないのですから。

それに、死んだことがあるという人に会ったことすらなく、もちろん行って帰った経験談を聞いたこともありません。

にもかかわらず、わたしたちはひとり残らず、いつか必ずこのいのちの終わりを迎えなければなりません。

死んだらどこへ行くのか——。

刻一刻と近づく死を直視すると、恐ろしく、できる限り抗《あらが》おうとします。しかしどんな手段を使っても、絶対に死から逃《のが》れることはできません。

もうどうすることもできない、最期の最期のときには、あんなにも「わたし」を支配していた煩悩《ぼんのう》からも、肉体からも心からも、すべてから離れることになるのでしょう。

生まれてくる前のことを憶《おぼ》えていないように、あとのことは大いなる流れに委《ゆだ》ねるよりほかありません。

自分のいのちに終わりがあるのと同じく、「わたし」が生きているあいだに、たいせつな人が自分より先に死んでしまう可能性も大いにあります。

もしも残されてしまったら——想像するだけで悲しくなりますが、絶対に避けて通ることのできない現実です。

では、この悲しみにどう向き合っていけばよいのか。

ここで「倶会一処」のことばの意味が初めて実感をともなって理解できると思います。

大好きな人に会えないことが悲しい
会いたくて会いたくてどうしようもない
目に見えなくてもいい、声が聞こえなくてもいい、この手で触れることができなくてもいい
どうかそばにいてほしい
どこか遠くから、わたしを見守っていてほしい
いつか会える日まで、そこで待っていてほしい――

その願いを抱いているいまが、まさにふたたびめぐりあっているということにほかなりません。
「一処」――ひとつのところ、というのは、何も遠いどこかにあるのではなく、このやむにやまれぬ願いの先、いま、わたしの目の前に、開かれてゆく世界であるといえるのではないでしょうか。

終

おまかせする

「わたし」というフィルターを通してしか、自分や、自分を取り巻く世界を知ることができないわたしたちにも、どうしても説明できないことがあります。

なぜ生まれてきたのか
なぜここにいるのか
なぜあなたと出会ったのか
なぜ離れなくてはならないのか
なぜこんなにしあわせなのか
なぜこんなにふしあわせなのか

なぜ　なぜ　なぜ

無数の問いを追いかけて「わたし」は考えます。
しかし、追いかけても追いかけても、たどり着けない先があって、ああもうこれ以上はわからないと思い知らされる、「わたし」の限界があります。「わたし」の果てがあります。

自分の意志や想い、はからいを超えたものによって生まれ、生かされていることは、不思議というよりほかありません。

ああしよう、こうしよう、

これが良い、あれが悪い、

こっちが正しい、そっちは間違っている、

あれが憎い、これが好きだ、それは嫌いだ……。

心も体も一瞬たりとも同じ姿を保つことなく動き、あれこれと考えつづけるのをやめることができないわたしたちの姿は、もしかしたら、大きな水の上に浮かんでいる小舟のようなものなのかもしれないな、とふと思います。

そう、わたしを超えた大いなるはたらきのなかに、ゆだねられているいのち。

じたばたせずに、おまかせしましょうか。

著者略歴

一九七五年、奈良県に生まれる。シンガーソングライター、浄土真宗本願寺派華咲山教恩寺第六世住職。本名・梁瀬奈々、法名・釈妙華。

龍谷大学文学部真宗学科を卒業。大学在学中に得度し、卒業後ボーカリストとして音楽活動を始める。二〇〇四年、シングル「帰ろう。」でデビュー。二〇一〇年、教恩寺を継職。三〇歳で子宮体がんを克服した経験と尼僧という視点で、生と死を見つめる癒やしの歌を数多く制作し、年齢・性別を問わず幅広い層から支持を得ている。二〇一一年、東日本大震災復興支援「まけない！タオルプロジェクト」にたずさわり、応援歌を作曲し歌う（アルバム「春の雪」に収録）。六年余にわたって仏教系寺院等で開かれたコンサート&トーク活動「歌う尼さん」は全国五百ヵ所にのぼる。

著書には『歌う。尼さん』（遊タイム出版）がある。

ありがとうありがとう
さようならさようなら
——歌《うた》う尼《あま》さんの仏《ほとけ》さま入門《にゅうもん》

二〇一四年一一月一三日　第一刷発行
二〇一八年　二　月　九　日　第二刷発行

著者　やせなな（釈妙華《しゃくみょうけ》）
発行者　古屋信吾
発行所　株式会社さくら舎　http://www.sakurasha.com
東京都千代田区富士見一-二-一一　〒一〇二-〇〇七一
電話　営業　〇三-五二一一-六五三三　ＦＡＸ　〇三-五二一一-六四八一
編集　〇三-五二一一-六四八〇　振替　〇〇一九〇-八-四〇二〇六〇

装丁　石間　淳
装画　篠本　映
印刷・製本　中央精版印刷株式会社

©2014 Nana Yanase Printed in Japan
ISBN978-4-906732-92-0

本書の全部または一部の複写・複製・転訳載および磁気または光記録媒体への入力等を禁じます。これらの許諾については小社までご照会ください。
落丁本・乱丁本は購入書店名を明記のうえ、小社にお送りください。送料は小社負担にてお取り替えいたします。なお、この本の内容についてのお問い合わせは編集部あてにお願いいたします。
定価はカバーに表示してあります。

さくら舎の好評既刊

やなせなな　詩
みよこみよこ　絵

よるがあけるよ（ＣＤブック）

あなたに、わたしに訪れる、ただ一度の朝——。
アルバム『夜が明けるよ』発売記念ＣＤブック！
日々の暮らしの輝きといのちの尊さをあたたかく描いた絵本！（ＣＤ３曲入り）

1600円（＋税）

定価は変更することがあります。